子どもは学習塾よりスポーツクラブに入れなさい

遊びながら「体幹」を鍛えて、学力もみるみるアップ!

JPCスポーツ教室代表
髙木宏昌

河出書房新社

はじめに

公園遊びの禁止と子どもたちの身体能力

今でも子どもたちに大人気のアニメ『ドラえもん』は、たいてい放課後にのび太くんたちが空き地や公園で遊んでいるところから始まります。

彼らは、そこで野球やサッカーをしているわけですが、現実には「公園で野球やサッカーをする」という光景はほとんど見られなくなっていることをご存じでしょうか？

２０１８年に「公園のチカラＬＡＢ」編集部が行った調査によると、調査した全国３０６ヶ所の公園のうち、首都圏では１００％、関西圏では62％の公園で、野球やサッカーなどのボール遊びは禁止されていたそうです。

２０２１年の総務省による「公園での過ごし方」調査でも、子どもたちの60％が「公園では電子ゲームをしている」という結果が出ています。そして、公園に欲しい設備として「無料のＷｉ－Ｆｉ」を挙げているのです。

まさに『ドラえもん』で描かれる野球やサッカーの光景は、テレビの中だけの情景になってしまった……と言えるでしょう。

この本をお読みになっている親世代の方が子どもだった20～30年くらい前、まだまだ子どもたちは外で元気よく遊んでいたと思います。２０２５年3月現在、39歳になる私も、学校から帰ってくると同時に玄関にランドセルを投げ出して外に遊びに行っていました。

ところが、今では家にこもって外で遊ばない子どもが増えています。その原因はいろいろありますが、「公園に禁止事項が多すぎること」の影響はかなり大きいでしょう。近隣住人の苦情に自治体が忖度《そんたく》し、「大人が子どもの遊び」を奪ってしまったのです。

その結果、子どもたちの身体能力は大きく低下しました。本来、高齢者の世界で心配されていたロコモ（運動機能の低下）が、子どもたちの間で見られるようになったのです。

たとえば、2023年5月に放送されたNHKのニュース番組では、次のような小学生の事例が紹介されています。

●廊下で足がもつれて転び、手のひらを骨折した

●下校中につまずいて転び、腕を骨折した

●手に提げていた傘に足をひっかけて転び、顔面を強打して鼻を骨折した

いずれの事例からも、日頃から運動をしていないこと、体を動かす感覚が発達していないことがよくわかります。

また、最近よく聞かれる「学級崩壊」や「授業についていけない子ども」の増加も、子どもたちの運動不足と無関係ではありません。

なぜなら、そのような事態の背景には「授業中にじっとしていられない子ども」「きちんと背筋を伸ばして椅子に座っていられない子ども」の存在が必ずあるからです。

このような子どもたちは、運動不足によって体幹（体を支える筋肉）が鍛えられず、結果として授業中に姿勢を保てなくなっているのです。そして、「姿勢の悪さ」が集中力や学力の低下につながっています。

私はこのような状況に危機感を持ち、地元岐阜県にある岐阜信用金庫を退職し、いくつか事業を手がけたあと、子どもたちが思い切り体を動かせるスポーツクラブ、「ＪＰＣスポーツ教室（以下、ＪＰＣ）」を２０１８年、33歳のときに地元羽島《はしま》市で開業しました。そこで行っているのは、体操教室でやる器械体操のような運動ではありません。子どもたちが目を輝かせる「遊び」と「スポーツ」の要素を組み合わせ、知らず知らずのうちに運動能力が高まるまったく新しい形のスポーツクラブです。

こうして遊びながら体幹を鍛えていく子ども、「ジョイアスリート」を育てています。私はその人数をいずれは１００万人以上に増やし、大人に取り上げられた「遊び場」を子どもたちに返してあげたいと思っています。

令和時代の子どもたちにとってのサードプレイス、『ドラえもん』の世界でのびのびと子どもたちが遊ぶ「公園」のような場所を作ること……それが私の目標です。

４番でピッチャー、秘密兵器が秘密のままで終わった夏

自己紹介が遅れました。私は子ども（園児から高校生まで）を対象として運動を教える「ＪＰＣ」を全国展開する株式会社J-PRoachの代表取締役で、スポーツトレーナーの高木《たかぎ》宏昌《ひろまさ》と申します。

前述のように、２０１８年にＪＰＣを開業し、現在は直営・フランチャイズを合わせて北は東北から南は九州まで、全国に約１００店舗（２０２５年３月現在）展開し、３０００人以上の子どもたちを指導しています。

ちなみに、ＪＰＣという名称はJunior（子ども）、Promote（促進する）、Coach（コーチ・指導者）の頭文字から取ったものです。

私がこのようなスポーツクラブを開業するに至った理由は、次のような自分自身の経験があるかもしれません。

子どもの頃から体を動かすのが大好きだった私は、小学校、中学校、高校と野球に夢

中でした。特に高校では4番でピッチャーを任され、今でいう大谷翔平選手の〝二刀流〟をしていたのです。

投手としての球速はプロ顔負けの146㎞を記録し、甲子園出場も夢ではない……と、噂されていました。

そして迎えた高校最後の夏、地区大会初戦。「秘密兵器」と呼ばれていた私は、次戦に予想される強豪校との対戦に備え、体力を温存していました。

ところが、余裕で勝てるはずだった初戦の相手に、我が校はあっさり負けてしまったのです。そうして私は「秘密のままの秘密兵器」になってしまいました……。

そんな苦い思い出もありましたが、私は野球というスポーツから、本当に多くの喜びと学びを得ました。だからこそ、同じようにより多くの子どもたちにスポーツの喜びと学びを得てほしいと思い、JPCを開業したのです。

なお、余談になりますが、2023年の夏、JPC出身の大垣日大高校野球部主将、日比野翔太くんが甲子園に出場し、私の雪辱(?)を果たしてくれました。

また、JPCの開業に至ったもうひとつの大きな理由には、幼い我が子たちの成長もありました。私は4児の父で、上の子から順に、現在、12歳、10歳、8歳、5歳です。

２０１２年に第一子（娘）が生まれ、２０１４年には第二子（息子）が誕生しました。我が子の育児に関わり、私の子ども時代とはまったく異なる現在の子どもを取り巻く環境を知るにつけ、「今の日本には子どもの心と体を育てる環境がない！」と、結論づけざるを得なかったのです。

「公園は禁止事項だらけ。ボール遊びもできない」

「外で子どもたちだけで集まって遊ばせてもらえない。必ず親がそばについていなければならない」

「ジャングルジムなど、危ない遊具は撤去。木登りも危険なので禁止され、自然と触れ合うことができない」

このような制限だらけの環境では、子どもが遊びという運動を通じ、心と体を成長させることなど不可能。昔の公園では、さまざまな年代の子どもたちが自由に遊ぶことで、自分たちでルールを作り、年齢や学年に応じたハンデも決めていました。

そうして自主性や集中力、思考力、観察力、記憶力、想像力、思いやりや優しさといった「人間力」を自然に身につけていたのです。

そういった環境がないならば、自分自身で作るしかない。これがＪＰＣの開業に至った、もうひとつの大きな理由でした。

遊びながら体幹を鍛える「ジョイアスリート」の育成

野球の世界最高峰のメジャーリーグにおいて、二刀流選手として数度のホームラン王にリーグＭＶＰ、50-50《フィフティフィフティ》（50本塁打・50盗塁）など数々の偉業を成し遂げている大谷翔平選手を見ていると、期待されつつも活躍できないまま退団・引退に至る日本プロ野球のドラフト1位選手たちの多さを思ってしまいます。

彼らはいずれも素質は素晴らしいのに、なぜ成績が振るわず、選手生命も短く終わってしまうのでしょうか？

実は、私はスポーツ選手のトレーニングを一目見ただけで、その成績や選手としての寿命がだいたいわかります。

筋骨隆々《きんこつりゅうりゅう》で、いかにも活躍しそうな雰囲気なのに、故障続きで良い成績を上げられない……そんな選手は、たいていトレーニング時間のほとんどをウェイト強化に使っています。重たいバーベルを持ち上げることに熱心で、より大切な「体幹」を鍛えていないのです。

逆に大谷選手は、トレーニング時間の多くを体幹強化にあてている、と報道されています。

野球やサッカー、ゴルフなどの球技や、柔道やレスリングといった格闘技まで、あらゆるスポーツで大切なのは「体幹」です。体の中心である軸（体幹）がぶれず、頭の位置がぐらぐらしない選手が最も強く、選手寿命も長くなります。この体幹とは、体の内部にある筋肉（インナーマッスル）のことです。

たとえば、野球でボールを投げたり、ボールを打ったりするときも、インナーマッスルが体の動きを主導し、それに連動する形で、腕や足の筋肉が動くのが理想です。

ムチのようにしなやかに、体の回転に合わせて先端（手や足）が動くイメージです。

これが最も速く、強く、安全に体を動かす方法なのです。

逆にインナーマッスルが十分に鍛えられていないのに、手足の筋肉ばかり鍛えると、インナーマッスルは皮膚に近い部分の筋肉に振り回されてしまいます。その結果、肩やヒジ、ヒザの故障、肉離れやアキレス腱の断裂といった大ケガをしてしまいます。当然、選手寿命も短くなります。

話を子どもの運動に戻しましょう。ＪＰＣでは、このようなスポーツ界・アスリート界の知見を存分に取り入れています。

体幹トレーニングの第一人者である木場克己《こばかつみ》氏が開発した「ファンクショナル（機能性）マット」（87ページ参照）を使い、ぐらぐらする足場でバランスをとりながら遊んでいるうちに、自然と体幹を鍛えることができます。

また、施設内の運動スペースにはクッション性のあるマットを敷いてその上に人工芝を敷き詰めてあり（80ページ参照）、子どもたちはそこを裸足で駆け回ります。そうすることで足の裏の感覚を取り戻し、体のバランスをとることも巧みになります。

体幹やバランス力など、体を動かすのに欠かせない力を、すべて遊びやスポーツを通じて身につける……そんな子どもたちが、私たちの考える「ジョイアスリート」なのです。

身体感覚を取り戻し、体幹を鍛えることは、子どもたちの人間的な成長、知的能力の向上にも役立ちます。

本書が日本の子どもたちの心と体の成長、その素晴らしい未来への一助となることを心から願っています。

もくじ

第1章 体をうまく動かせない子どもたち

第2章 子どもは「遊び」の中で体力と集中力を高める

第3章 子どもの体が劇的に変わる「魔法のマット」

第4章 我が子の「運動能力チェック」と自宅でできる簡単「体幹トレーニング」

我が子の運動能力チェック！

自宅でできる簡単「体幹トレーニング」

第5章

運動をするとなぜ勉強ができるようになるのか？

第6章 子どもの才能を伸ばせるかは親しだい

第7章

子どもたちはみんなヒーローになれる

第1章

体をうまく動かせない子どもたち

保護者の悩みは我が子の運動オンチ

小学校の運動会名物といえば、保護者席前にズラリと並ぶカメラとビデオの列でしょう。少しでも我が子のがんばる姿を鮮明に残したいと思うお母さんたち、お父さんたちの気持ちはとてもよくわかります。

ところが、この運動会で子どもの運動能力に初めて気がついた……という保護者の方は非常に多いです。運動会では徒競走やクラス対抗リレーなど、さまざまな競技があり、普段は見過ごされがちな「走る速さ」や「走り方」が明らかになってしまうからです。

また、「なわ跳び」で子どもの運動能力に気づくパターンも多いです。「なわ跳び」は自宅の庭や公園などで手軽にできる運動ですが、身体を動かすのが得意ではない子どもの場合、ほんの2、3回跳んだだけで、なわが足に引っかかってしまうからです。

そして、親御さんたちは、わが子は「足が遅い」「ぎこちない走り方をする」「なわ跳びがうまく跳べない」といったことに気づくと、非常に不安になります。運動が苦手なことでいじめられるのではないか、周囲になじめないのではないか……と心配になってしまうわけです。

この悩みがとても深刻であることは、スポーツクラブの市場から見てもわかります。たとえば、ある有名なプロ野球選手が引退後に事業として「野球教室」を開いたことがありました。

格安の受講料だったにもかかわらず、この野球教室にはほとんど生徒が集まりませんでした。ところが、同じエリアで私が経営するJPCは1ヶ月5800〜8800円(4回。1回60分)の受講料にもかかわらず、開講してすぐに何十名もの子どもたちが集まったのです。

この差は、「野球を学べる」野球教室と「運動が苦手な子どもの基礎的な運動能力を少しでも高める」JPCのコンセプトの違いによるものだと考えています。

つまり、多くの保護者は「特定のスポーツをやらせる」ことよりも、「子どもの運動オンチを少しでも解消してあげる」ことを重視しているのです。言い換えれば、それだけ親にとって「子どもの運動能力の低さ」は深刻な悩みなのでしょう。

実際、運動能力の低さを放っておくと、子どもたちはさまざまな場面で自信を失いかねません。学校には運動会だけでなく、普段から体育の授業もありますし、子どもたち同士で遊ぶ機会も多いからです。

しかし、運動が得意でない子どもたちの運動能力を、平均レベルまで高めることはそれほど難しくありません。上半身と下半身の動きを連動させ、股関節や膝《ひざ》関節の可動域を高めるなど、基本的な動作から少しずつレベルアップさせていけばよいのです。

運動経験が少なく「ロボットみたい！」と言われるような柔軟性の低い子どもでも、反復練習することで見違えるように変わっていきます。運動会などで「うちの子、運動が苦手みたい……」と感じた不安は、決してそのままにしないでください。

3大運動「かけっこ・跳び箱・逆上がり」の壁

子どもを対象としたスポーツクラブを経営していて、保護者の方からの声で最も多いのが「うちの子、かけっこが遅いんです」「跳び箱が跳べません」「逆上がりができないんです」というご相談です。

この3つは小学校で必ず取り組む内容であり、運動能力の目安として親の目にもわかりやすいので、心配される方が多いのでしょう。

実際、この3つができるかどうかは、小学生たちにとって大問題です。足が速かったり、跳び箱をうまく跳べたり、逆上がりを軽々とこなすことができればクラスでは注目の的でしょう。

反対に、足が遅く、跳び箱が跳べず、逆上がりができない……となると、そのつらい記憶を大人になっても引きずるかもしれません。

さて、この子どもにとっての3大運動とも言える「かけっこ・跳び箱・逆上がり」は、具体的にどの程度のレベルだと「うちの子は運動が得意ではない」と判断できるのでしょうか？

スポーツ庁が行った「令和3（2021）年度　全国体力・運動能力、運動習慣等調査結果」によると、小学5年生の50m走の平均タイムは男子9・45秒、女子9・64秒でした。

また、跳び箱については信頼できる調査があまり行われていません。私のスポーツクラブ指導者としての感覚では、小学2年生で4段ほど、小学4年生で6段を跳べるのが平均的なところだと思います。

逆上がりに関しては、埼玉県で令和2（2020）年度に行われた調査によると、小学5年生の逆上がりの成就率（補助板を使わずに1回以上逆上がりができる）は男子で59・8％、女子で64・0％でした。

これらの数値から考えて、小学校高学年（5・6年生）で50m走が10秒以上かかる、跳び箱で6段が跳べない、逆上がりができないのであれば、お子さんは運動が苦手なほうに入ると言っていいでしょう。

ちなみに、「かけっこ」が遅い子どもたちは、そもそも走り方を知らないことが多いです。転ぶと危ないということで「走ってはダメ！」と幼い頃から言われてきたためでしょう。

その結果、多くの子どもたちは足が高く上がらず、上半身と下半身の動きもバラバラで、ペンギンのようなヨチヨチ走りになりがちです。これを大人数が参加する小学校の体育の授業で改善するのは、なかなか容易ではありません。

こうして、小学校で「かけっこ」をはじめとする3大運動の壁にぶつかった子どもたちは、ますます運動に苦手意識を持つ……という悪循環が生まれてしまうのです。

年々下がり続ける子どもの運動能力

最近の子どもたちを見ていると、親世代の子ども時代に比べて非常にスタイルが良く、足の長さなどはうらやましくなってしまいます。しかし、その一方で運動能力については、かなり心配なデータが出ているのをご存じでしょうか？

たとえば、前出のスポーツ庁「令和3年度　全国体力・運動能力、運動習慣等調査結果」によると、小学5年生の平均握力は、平成20（2008）年度は男子17・0kg、女子16・5kgあったのが、その後は年々徐々に低下し、令和3年度には男子16・2kg、女子16・1kgに。また、ソフトボール投げの記録は、平成20年度には男子25・4m、女子14・9mだったのが、令和3年度には男子20・6m、女子13・3mにまで低下しています。

さらに、前出の埼玉県の逆上がり調査でも、小学5年生の逆上がり成就率は、平成20年度には男子が69・9％、女子は74・6％だったのが、令和2年度では前述の通り、男子59・8％、女子64・0％と、10％も低下しているのです。

このように子どもたちの運動能力が低下している理由のひとつは、やはり外で体を動かして遊ぶ機会が減っているためだと考えられます。言い換えれば、「時代」と「大人」が子どもたちの成長を止めているのです。

『子どもたちの放課後を救え！』（川上敬二郎著、文藝春秋、２０１１年）でも、「子どもたちの放課後から『サンマ』が消えた、といわれて久しい。サンマとは『時間』『空間』『仲間』の三つの『間《ま》』のことだ」とあります。

つまり、現在30〜40代の親世代にとっては当たり前だった放課後の自由時間、校庭や公園、空き地といった空間、一緒に遊べる友人たちが失われて、すでに10年以上の月日が経っているのです。

同書にはさらに、「遊びの中身も、保護者世代で主流だった缶けり、鬼ごっこ、かくれんぼ、秘密基地作りといった『外遊び』が減って、テレビゲームやパソコンゲーム、トランプやカードゲームといった『中遊び』が主流になった」と続きます。２０２５年現在であれば、これにスマホが加わるでしょう。

「缶けり」「鬼ごっこ」「かくれんぼ」「秘密基地作り」といった外遊びでは、いずれも子どもたちが夢中になり、全力で体を動かすことができました。その過程で子どもたちの運動能力は成長していたのです。

今、多くの小学生は塾や習い事、スマホやゲームに時間を奪われ、安全確保や近隣への配慮のため校庭や公園、空き地から締め出され、友人同士で外で集まることもできません。

このように身体を動かす機会を奪われたまま、いくら見た目だけが良くなっても、人生を生き抜く力は身につかないでしょう。小学生のうちから英語教育やプログラミング教育に取り組む前に、もっとやらねばならないことがあるのではないでしょうか？

放課後に家から出ない子どもたち

平日の日中に近所の公園へ行くと、その静けさに驚かされることがあります。私の子ども時代、放課後の公園は声を上げて元気に駆け回る子どもたちでいっぱいでした。それが今では、犬の散歩をしている人くらいしか見かけません。

このようになった原因のひとつは、日本の少子化もあるでしょう。２０２４年４月１日現在の15歳未満の子どもの数は１４０１万人（総務省統計局）。この数字は１９８２年から42年連続の減少で、過去最少です。

しかし、公園で遊ぶ子どもたちが見られなくなった原因は少子化だけではなさそうです。学研教育総合研究所の『小学生白書』によると、習い事（水泳・学習塾・英語塾・そろばん・書道・サッカー・フットサル・武道・体操教室など）をしている子どもの割合は、２０１９年は80・４％、１９８９年は39・１％でした。

つまり、この30年間、子どもの数が減り続ける一方、習い事をする子どもの割合は２

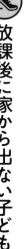

倍になっているわけです。子どもの数が減り、自由に遊べる時間も減っているのですから、子どもたちを公園で見かけなくなったのです。

現在、全国の小学校の大半で集団登下校が行われています。交通事故や犯罪に対する安全確保のために通学路の途中には保護者が立ち、道草をすることもほとんどできません。子どもたちの多くは家と学校を往復し、習い事も家から親に送り迎えされる生活を送っているわけです。考えてみれば、息の詰まるような毎日ではないでしょうか?

前出の『子どもたちの放課後を救え!』には、次のような記述もあります。千葉大学教育学部の明石要一教授が小学3年生の子どもたちにインスタントカメラ(現在ならスマホのカメラになるでしょう)を持たせ、好きな場所を撮影してもらうという実験を行ったそうです。

結果は、自分の部屋のぬいぐるみ、漫画、家族との食事の様子など、ほとんどが屋内の風景でした。明石教授は学校からの帰り道や秘密基地、駄菓子屋や近所の犬や猫などの写真が多いと予想していたところ、それは大きく外れたのです。

多くの子どもたちは放課後、ほとんど家で過ごしている……そんな傾向は同書刊行の

２０１１年以前から始まっており、２０２５年現在はますます強まっていると言えるでしょう。

しかし、このように子どもたちが学校と家だけを往復し、放課後のほとんどを家で過ごすことは子どもたちの成長にとって、良い環境と言えるのでしょうか？

本来、子どもたちは外遊びが大好きです。これまでに私は３０００人以上の子どもに遊びの中での運動を指導してきましたが、子どもたちに「どこで遊びたい？」と聞くと、そのほとんどが「外で遊びたい！」と言います。そんな子どもたちがエネルギーを発散させ、心と体を大きく成長させる場が奪われている現状には、非常に問題があると思います。

遊んでいないから体の動かし方がわからない

最近テレビ番組で、女子アナウンサーやアイドルなどが出演する「芸能人運動会」を見かけました。１００ｍ走や走り幅跳びなどの競技があったのですが、その有様に思わず絶句しました。

みんな一生懸命に走ってはいるのですが、動きがロボットのようにカクカクしており、走ったり跳んだりするときも上半身と下半身の動きがバラバラなのです。

ひどい場合は、そもそも足が地面から離れていません。ほとんど足を引きずりながら走っているようでした。このように、大人になっても体の動かし方がわからない……という人は、子どものときに十分外で遊んでいないのかもしれません。

私たちは、子ども時代に存分に体を動かして遊ぶことで体の使い方を学びます。たとえば、「鬼ごっこ」は相手の動きを見ながら、タッチされないように体をうまくひねって避けなければなりません。全速力で走って逃げる場合もあります。

このような動きには、「サイドダッシュ（素早い横移動）」や「バック走（前を向いたまま後ろに走る）」のほか、肩より上に腕を上げた状態を保つといった、遊びでしかやらないようなものがあります。これらの動きを遊びによって繰り返した結果、私たちは自然に自由な体の動きを身につけられるわけです。

また、子どもは普段から遊びを通じて体を動かさないと、骨や筋肉が丈夫になりません。「平坦な道を歩いていただけなのにつまずいて骨折」「体育の授業で走ったら足がもつれて転倒し骨折」する子どもが増えてきているそうですが、日頃から体を十分に動かしておらず、骨や筋肉がもろかった……と考えられます。

他にも、子どもの体のさまざまな機能は、日頃から使わなければしっかり働くようになりません。

私の知っている事例ですが、公園の遊具のひとつである「ブランコ」をこぐと酔ってしまう、という子どもがいました。この子はブランコで遊んだことがほとんどなかったために「三半規管」を鍛えられていなかったのです。これでは車に乗るたびに車酔いし、大変困るのではないでしょうか。

大人になってから苦労しないためにも、子どものうちから思い切り体を動かす遊びやスポーツをしておくべきです。また、それができる環境を用意することも親の責任ではないかと思います。

学級崩壊と「体幹」の関係

２０２１年10～12月、過酷な中学受験に挑む学習塾の子どもたちを描いたドラマ「二月の勝者」（日本テレビ系列）が話題を呼びました。ところが、最近ではさらに年齢層が下がって幼稚園児が学習塾に通う「小学校受験」が密かなブームになっているようです。

たとえば、２０２３年４月４日の「『小学校受験』ブームは天井知らず、早慶附属や新難関校は倍率10倍超え！　合否のポイントは?・」（ダイヤモンド・オンライン）という記事では、２０１９年度から２０２３年度までに首都圏の私立小学校60校の応募者数が20％近く増加した、とされています。

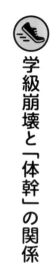

実際の数字としては、公立小学校に通う子どもが５９３万人に対し、私立・国立小学校に通う子どもは11万人ほど（文部科学省「令和５（２０２３）年度　学校基本統計」より）ですから、小学校受験をしている子どもは２％くらいでしょう。

それでも、公立小学校よりも国立・私立の小学校に通わせたいという意向が少しずつ強くなっていることは、スポーツクラブでの保護者との会話などから肌で感じられます。

さて、このように公立よりも国立・私立小学校に通わせたいというニーズが増えてきた背景には、やはりメディアなどで取り上げられる「学級崩壊」の問題があるでしょう。

文部省（現・文部科学省）が「学級がうまく機能しない状況」（いわゆる学級崩壊）の内容を「子どもたちが教室内で勝手な行動をして教師の指導に従わず、授業が成立しないなど、集団教育という学校の機能が成立しない学級の状態が一定期間継続し、学級担任による通常の手法では問題解決ができない状態に立ち至っている場合」としたのは1999年のことですから、すでにこの問題は20年以上も小学校に存在していることになります。

この学級崩壊は、複合的な要因が積み重なって起きる……と分析されていますが、「子どもが授業に集中できない」という問題に限れば、実は子どもの体に原因がある、と私は考えています。より具体的に言えば、子どもたちの体幹が弱っているために、45分間の授業時間を座って集中できないでいる、ということです。

一般に、人間の頭の重さは体重の約10分の1を占めると言われています。平均的な小学6年生（11歳）の体重は約37kgで、その頭の重さは子ども向けのボウリングの球と同じくらいになります。あのズシリと重たいボウリングの球を、子どもたちは小さな体で支えなければならないのです。

しかも、最近はタブレット学習が導入されているため、さらに猫背になりやすい環境になっています。タブレット学習では教師側も生徒側も発言や質問をタブレット上で行うことがあり、「指名されて、起立して発言する（体を動かす）」といった機会も減少しているようです。

大人ですら45分も身体をほとんど動かさず、椅子に座ったまま集中してタブレットに向かうことができるでしょうか？　授業が始まって20分もすると首が頭を支えきれなくなり、頭がぐらぐらと揺れたり、姿勢を変えたいのか立ち上がり、教室内を歩き回る子どもたちが続出するというのも無理からぬことかもしれません。

ここでポイントになるのが、「体幹」という身体の内側にある筋肉の存在です。この筋肉がしっかりと鍛えられていれば、授業中もずっと背筋を伸ばし、ラクに頭を支える姿勢を取り続けられます。その結果、授業に集中できるのです。事実、私が経営するスポーツクラブで子どもたちの体幹を鍛えた結果、学校の成績がみるみる伸びた子たちを何人も見てきました。

これらのことから、学級崩壊が近年ますます深刻化している原因は、子どもたちの体幹が弱くなってきたことと無関係ではないと思われます。つまり、外遊びを通じて体を十分に発育させ、体幹を鍛えることができなくなったことで、小学生たちは授業に集中できなくなっているのではないでしょうか？

正しく呼吸できない子どもが増えている

最近、電車に乗っていると口が半開きの状態でスマホに集中している人をよく見かけます。このように口が開いているのは「鼻呼吸」ではなく「口呼吸」をしている証拠であり、さまざまな害を体にもたらします。

厚生労働省が運営する健康情報サイト「ｅ－ヘルスネット」によれば、口呼吸によって口の中の唾液が少なくなり、乾燥した口内は虫歯になりやすくなることが指摘されています。さらに、舌のひび割れや痛み・口臭の悪化・摂食障害・味覚障害・発音障害をもたらすおそれもあるそうです。

この口呼吸が、実は子どもたちの間にも広がっています。2021年2月に新潟大学・大垣女子短期大学・鹿児島大学の研究グループが発表したところによると、「お口ぽかん（口唇《こうしん》閉鎖不全）」と判定された子ども（3〜12歳）の割合は、全国で30・7％に及んだそうです。

実際、私が経営するスポーツクラブに入会する子どもたちも、ほとんどが当初は口呼吸をしており、長時間の運動を苦手にしています。

この原因のひとつは、どうしても子どもたちは大きく口を開けて息を吸ったり吐いたりする口呼吸のほうが、小さな鼻の穴から息を吸って口から吐く鼻呼吸よりもラクに感じてしまうためでしょう。

学校の体育の授業などで、長距離を走ると口呼吸になる子どもたちが多いのですが、そういう場合も最近の学校の先生は鼻呼吸をあまり教えていないようです。

しかし、人間に本来備わっている正しい呼吸法、言い換えれば自然な呼吸法は実は

「鼻呼吸」なのです。事実、生まれたばかりの赤ちゃんは皆「鼻呼吸」をしています。

スポーツの世界では常識ですが、やはり鼻呼吸は基本です。マラソン選手やプロサッカー選手のようなトップアスリートは、鼻呼吸によって持久力と瞬発力を発揮しています。もし彼らが口呼吸をしていたら、あっという間にスタミナ切れとなり、動けなくなってしまうでしょう。

そして、昔のよく外遊びをしていた子どもたちも、自然に「鼻呼吸」を身につけていました。なぜなら、あまり体を動かさない日常生活では口呼吸でも問題ないのですが、激しい運動をしているときは鼻呼吸のほうが圧倒的にラクだからです。つまり、鬼ごっこで夢中になって走り回っている子どもたちの呼吸は、自然に鼻呼吸中心になっていました。

しかし、いくら最近の子どもたちに「鼻呼吸のほうがラクなんだよ」と言っても、なかなか鼻呼吸は身につきません。ポイントになるのは、実際に体験させてみることです。

持久走などの強度の高い運動では、鼻で2回息を吸って、口から2回息を吐くという鼻呼吸を教えると、子どもたちはそのほうがラクなことを体感できます。そうした体験をして初めて、子どもたちは日常から鼻で呼吸することを意識するようになります。私が経営するＪＰＣでは、１分間ダッシュして１分間休むというのを何度か繰り返すトレーニングの際に鼻呼吸のほうがラクであることを体感してもらい、子どもたちに日常での鼻呼吸を意識づけるようにしています。

残念ながら、このような人間の基本的な仕組みに基づく呼吸法の知識やノウハウは、学校では学べません。つまり、親が何も手を打たなければ、ぽかんと開いた子どもたちの口はずっとそのままになってしまうのです。

小学4年生と5年生が大きな境目になる

最近の小学生や保護者の間では当たり前になっている「2分の1成人式」という学校行事をご存じでしょうか？　もともとは兵庫県のある小学校から全国に広まったとされており、すでに30年以上の歴史があります。

これまで成人とされてきた20歳の半分の「10歳」という節目を祝うもので、小学4年生の1～2月頃に行われることが多いようです。学校の体育館などに保護者が招待され、2分の1成人証書の授与や児童による合唱、将来の夢の発表などが行われます。

実際、JPCの子どもたちを見ていても、小学4年生と小学5年生（10歳前後）に大きな境目があると感じています。この傾向は特に女子について顕著で、この年頃を境にある程度の人格が固まり、新しい経験を受け入れたり新しい人間関係を築いたりしにくくなるのです。

たとえば、この年頃よりあとにスポーツクラブに参加した子どもは、他の子どもたちとなじむまでにかなり時間がかかります。言い換えれば、周りに壁を作り、自分の考えや趣味・嗜好に固執してしまうのです。

具体的には、コーチ（JPCでは指導者のことを「コーチ」と呼んでいます）や自分より年上の子、年下の子たちにあまり心を開こうとしません。また、新しい運動や遊びにもなかなか加わろうとせず、「私にはできない」「やりたくない」と強く拒否反応を示します。

一方、もっと小さいうちからスポーツクラブに参加した子どもは、あっという間に年齢の違う子どもたちとも馴染みますし、新しい運動や遊びにも興味津々でのめり込みます。

さて、このスポーツクラブの話は一例ですが、もし子どもたちがいつも自分と同じようなバックグラウンド（年齢・性別・経歴・国籍その他）の人たちとしかコミュニケーションをとらないまま成長すると、どうなってしまうでしょう？　将来、非常に苦労するのではないでしょうか？

なぜなら、どんな仕事についても周囲の人と「コミュニケーションする力」や「協力し合う能力」は欠かせないからです。たとえ一人でコツコツやる仕事についたとしても、その周囲にはお客様をはじめ、必ず関わりを持つ人がいるでしょう。

昔のように、幼いときから放課後の校庭や公園、空き地で遊べる環境があれば、このような心配は不要でした。人格が固まってしまう小学4年～5年生までに、さまざまな年代の子どもたちといろいろな遊びを経験することで、コミュニケーション力や協調性を身につけることができたからです。

そんな環境が珍しくなってしまった現在、地域コミュニティに参加するなどの手を保護者が打たないままだと、子どもたちは同学年の子どもたちとばかり付き合うことになります。その結果、さまざまな異なる背景を持つ人とつながるためのコミュニケーション力も協調性も養えないまま、大人になってしまうでしょう。

だからこそ、私は遅くとも子どもが小学4年生になるまでに、保護者は遊びやスポーツを通じてさまざまな他者との関わりや新しい経験を積める「場」を用意するべきだと考えています。

第2章

子どもは「遊び」の中で体力と集中力を高める

かけっこビリが翌年1等賞に！

我が子の初めての運動会を見にいくとき、親の期待は相当なものでしょう。ＪＰＣを始める前に、私が幼稚園で息子の運動会に参加したときもそうでした。しかも、息子から「僕、足が速いよ！　かけっこ一番だよ！」などと聞かされていましたから、それはそれは我が子の活躍を楽しみにしていたのです。

結果は……1位どころかダントツのビリ（最下位）でした。それまで元気いっぱいだった息子は、すっかり元気をなくしたまま家に帰ってきました。まったく恥ずかしいことですが、今現在子ども向けのスポーツクラブを経営している私ですら、我が子の走り方を知らなかったのです。

そこで、息子に正しい走り方を教えました。ポイントは次の3つです。

1. 走っているとき、腕（手）は前後に振る。横には振らない

2．走っているとき、足を高く上げる
3．走っているとき、お腹に力を入れる

この基本的な走り方を教えるまで、息子は腕を横に振っていました。足は全然上がっておらず、まさに典型的なペンギン走り。もちろん、お腹に力を入れるという意識もなかったのです。

この正しい走り方の3つのポイントのうち、「1．腕（手）は前後に振る」と「3．お腹に力を入れる」というのは意識するだけで実行できます。しかし、「2．足を高く上げる」は練習しなければなりません。

そこで、JPCの練習法を息子に教えました。この練習法は、110mハードル走で日本選手権優勝経験のある松久孝弘さんに監修いただいたものです。

ここで簡単にご紹介すると、次ページの写真のような内容です。

小学校低学年〜中学年の子だと、この練習法ですぐに50m走のタイムが1秒縮まることもあります。高学年や大人でも、0・5秒は縮まります。息子は先ほどの意識するべ

かけっこが速くなる簡単練習法

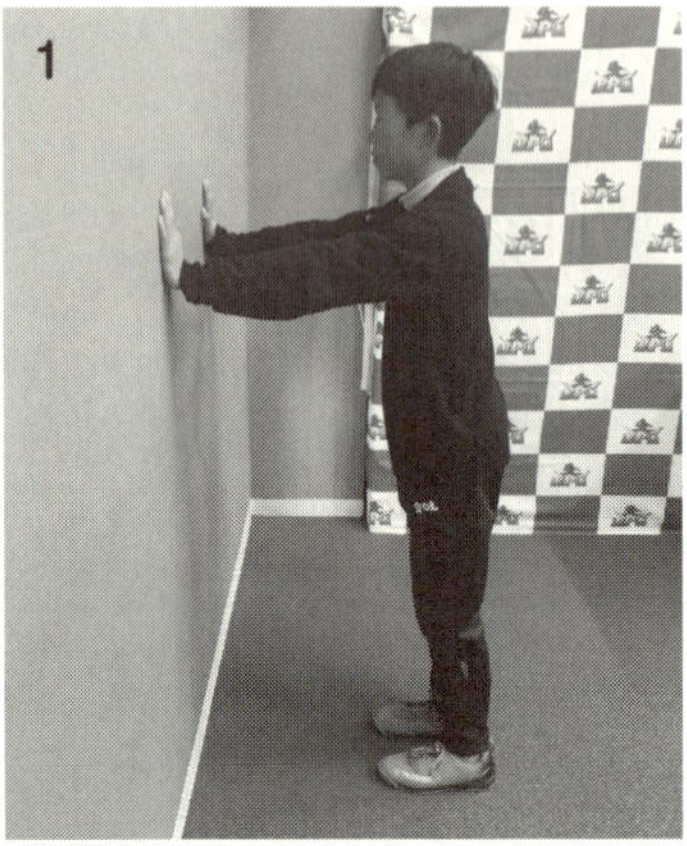

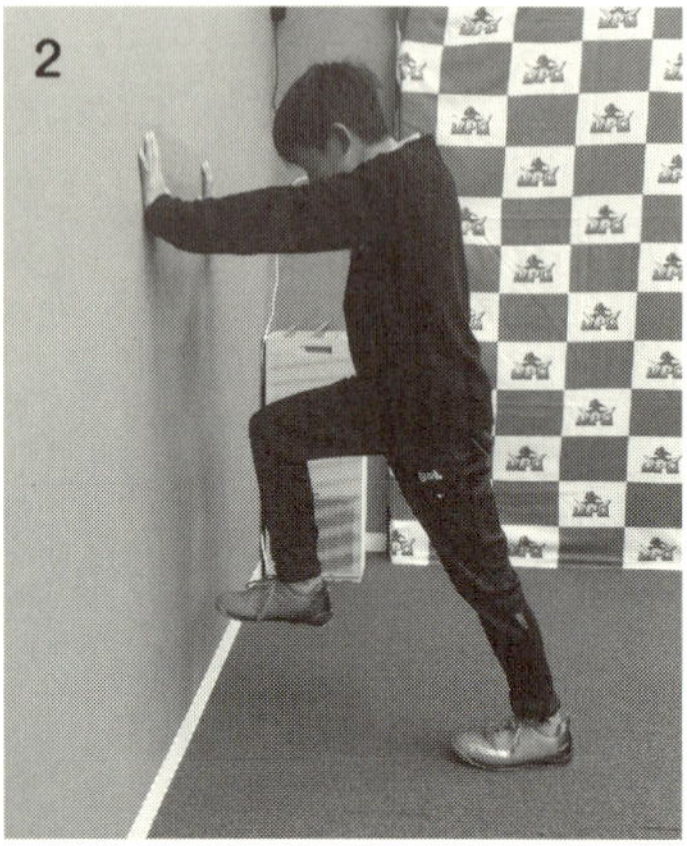

1. 壁に向かって、手をつく
2. その状態で数回足踏みをする（太ももをなるべく高く上げる）
3. 足踏みに慣れてきたら、少しずつ前傾姿勢になり、足を踏んばって体重を前にかけるきポイントや太ももを上げる練習を始めたところ、たしかに足が速くなることを理解し、喜びました。それからはもう、夢中で一人で練習していたのです。

翌年、息子は幼稚園の運動会のかけっこで見事に1等賞を取りました。そのときの本当にうれしそうな、自信に満ちた笑顔は忘れられません。

このエピソードは、どんな子どもにも当てはまるでしょう。それぞれ走る速さに差はありますが、適切な知識を身につけ、練習することで必ず成長できます。

このような結果によって、子どもたちは自己評価が高くなり自信を持つことができます。そんなきっかけを作ってあげることこそ、まさに親の役目ではないでしょうか？

才能開花のスイッチは「面白い！」がすべて

小学生くらいの子どもたちに、最も人気のある「外遊び」は何かご存じでしょうか？

答えは「鬼ごっこ」であり、ＪＰＣでも最も人気のあるプログラムの一つになっています。

どうやら子どもたちは、本能的に追いかけられることが好きなようです。言い換えれば、遊びにはある程度の「恐怖（スリル）」が必要なのでしょう。鬼より自分の足が速すぎると物足りなく感じ、つまらないようです。

だから、何も言わなくても子どもたちは少し年上の子どもたちと一緒に遊んだり、適切なルールを作って、ちょうどいい怖さが遊びに含まれるよう調整するようになります。

ちなみに、ボストン・カレッジ心理学部教授であるピーター・グレイ氏の著書『遊びが学びに欠かせないわけ』（築地書館）には、「……階段の手すりをスケートボードで滑り降りたりして元気いっぱいに外で遊ぶときは、子どもたちは適度な不安を意図的に自分自身に対して投与しています。そうすることで、子どもたちは自分のからだだけでなく、不安もコントロールすることを学んでいるのです」とあります。

この「不安」とはまさに「恐怖（スリル）」のことであり、やはり「不安＝恐怖（スリル）」は子どもの遊びと切り離せないもののようです。

さて、そんな「面白い！」と感じる遊びの中で、子どもたちはさまざまな才能に気づき、それを開花させていくスイッチが押されます。たとえば、「周囲の危険（車の接近など）に気がつく（注意力）」「足の速さ（敏捷性《びんしょう》）」「力の強さ（筋力）」「不安定なところを移動する（バランス力）」「遊びやルールを思いつく（発想力）」「みんなの意見をまとめ、動かしていく（リーダーシップ力）」「年齢の違う子どもたちと仲良くする（コミュニケーション力）」などなど……。

言い換えれば、遊びを通じて子どもたちは「自分の強み」に気づいていくのです。

このような才能が発揮されるのは、夢中に遊んでいるときだけです。学校と家を往復し、習い事や塾に縛られているときではありません。また、大人がさまざまな危険を排除し、安全・安心すぎる環境でも、そのような才能の発揮は難しいでしょう。

ピーター・グレイ氏の前掲書には、「(子どもは）遊びの中で、たくさんの活動を試し、どこに自分の才能や好みがあるのかを発見します」ともあります。私自身の経験からしても、まったく同意します。

子どもたちを見ていると、本当に彼ら彼女らは興味のあること、面白いと感じることにしか反応しません。それはもう、笑ってしまうほどです。親や先生といった大人に指示されたことには基本的に無関心で、しぶしぶやっているだけです。遊びのときのような創意工夫はほとんど見られず、才能が発揮されることもないのです。

やはり私たち大人にとって、子どもたちが遊びを通じて自分の才能や興味・関心に気づく機会と環境を奪うことは悪である、と言えるでしょう。

「子どもの目線」に合わせたトレーニングの重要性

想像してみてください。もし、普段から運動していないお父さんお母さんが、いきなりオリンピックに出場する全日本レベルのマラソン選手の合宿に参加したら、どうなるでしょうか？

おそらく、最初の数分で「もうイヤだ！」と泣くことになるでしょう。これは運動能力レベルがまったく合っていない集団に入ったときに起きがちなことですが、子どもたちが通う学校の「体育」では、これと同じことが起きてしまっています。

たとえば、体格ひとつとっても「早生まれ」と「遅生まれ」では身長や体重、体力に大きな差があります。普段からたくさん外遊びをしている子どもと、習い事や塾通いでほとんど体を動かしていない子にも大きな差があります。

それなのに、体育の授業では同学年というだけで、同じ運動をさせられます。たとえば小学6年生の跳び箱であれば、6段だけが用意されたりするわけです。これは8段が飛べる子には簡単すぎますし、2段しか飛べない子には難しすぎます。

その結果、まだ運動能力が発達していない子どもは自信を失い、運動そのものを嫌いになってしまう、という悲劇が起きているのです。

つまり、子どもたちの運動能力を開花させるには、子どもの運動能力に合わせたトレーニングが欠かせません。最初に体格や体力テストをして、学年に関係なく、レベルに合ったクラス分けとプログラムを用意するべきなのです。

JPCでは、園児、小学生（低学年・中学年・高学年）、中学生、高校生といったクラス分けをしており、小学生の中学年でも運動能力の高い子どもは高学年のクラスに入れたり、小学生の中学年でも運動能力が低い子どもは低学年のクラスに入ってもらいます。

そんな自分のレベルに合ったクラスに入ると、「自分にもできた！」「すごく楽しい！」という経験をどんどん積むことができ、それが自信となってますますやる気が出てくるようになるのです。これが「子どもの目線に合わせたトレーニング」という意味です。

また、「子どもの目線に合わせたトレーニング」には、「遊び」を必ず取り入れるというニュアンスもあります。とにかく飽きっぽい子どもたちは、「はい、片足を10秒上げる練習をしましょう」などと繰り返しやらせたら、誰も見向きもしません。

一方、「このマットレスから落ちるとワニに食べられます。落ちないように向こう岸まで行ってみよう！」と言って、コーチ陣がワニの役を演じる……というような「スリル（＝遊び）」をトレーニングに取り入れたとき、子どもたちは夢中になって取り組むのです。

こうして子どもたちが気がつかないうちに体幹が鍛えられ、さまざまな運動能力を発達させるトレーニングを用意することこそ、理想的な環境と言えるでしょう。

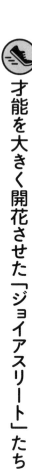

才能を大きく開花させた「ジョイアスリート」たち

２０１９年４月に施行された働き方改革関連法によって、学校の先生たちの残業時間は厳しく制限されるようになりました。その結果、かつては平日の夜や土日・祝日まで行われていた部活動が下火になり、子どもたちの参加率も大きく低下しています。地域部活動（地域のスポーツクラブなど）への段階的移行を国が進めていますが、まだ十分ではありません。

たとえば、ＮＨＫ・ＮＥＷＳ ＷＥＢの特集「運動部に異変!? 下がる入部率、あなたの都道府県は？」によると、全国の中学生の運動部参加率は２０２２年に過去最低の59・６％を記録し、６割を切っています。また、土日の部活動は運動部・文化部とも禁止という中学校も珍しくありません。

その結果、今まではほぼ強制だった部活に参加しない子どもたちが増えました。それまで一般的だった、授業が終わったあと1〜2時間は部活に参加するというサイクルが失われてきているのです。

こうして、まったく運動をしない子どもたちが増えました。事実、ＪＰＣに入会した中学生に入会の動機を聞くと、「お母さんが『1週間に1回くらいは運動しなさい』と言うので……」と答えてくれることが多くなっています。

大多数の学校がこのような状況になっている以上、本格的にスポーツに取り組みたい子どもたちの才能を開花させ、成長させることを学校に期待するのは難しいと言えるでしょう。

小学校高学年から中学生という10代前半の時期は、本格的な体の成長期です。この時期に運動しなければ、身長ばかりがどんどん伸びるのに、それを支える筋肉が発達しないことになってしまいます。

福島大学名誉教授の白石豊氏は、著書『スポーツの得意な子に育つ親子遊び』（PHP研究所）の中で「十歳～十二歳の三年間は、運動神経がグングンよくなる時期です。長い人生の中でこれほど一気に伸びることは二度とないといっても言い過ぎではありません」「チャンピオンをめざして行なう競技スポーツでは、この時期を逃しては手遅れになってしまうということが、今や世界的な常識となりました」と述べています。

だからこそ、小学生から「スポーツクラブ」などで遊びながら体幹を鍛え、中学生ではさらに本格的なトレーニングを「学校以外の場所」で行っている子どもたちの運動能力が花開く時代なのでしょう。そんな「ジョイアスリート」と呼ぶべき逸材として、J

PCから次のようなスポーツ選手が誕生しています。

●日比野翔太くん（2023年、全国高等学校野球選手権大会に主将として出場）
●清本美波さん（2023年、女子プロゴルファーテストをトップ合格）
●松山陸くん（2024年パリオリンピック男子100m背泳ぎ日本代表）
●毛利瑛くん（2022年、全日本空手道松濤館《しょうとうかん》本選・個人型の部〈中学3年生〉で優勝）

彼らはいずれも、「『体幹』を鍛えたことで、競技のレベルが飛躍的に向上した」と言ってくれています。スポーツクラブの経営者として、本当にうれしく思っています。

お母さんお父さんは、ぜひ子どもの小学生から中学生という「成長の黄金期」を見逃さないでください。そして、彼ら彼女らの才能を開花させる環境を用意してあげてほしいと、心から願っています。

大事なのは、心技体より「心」「体」「考」

昔からスポーツの指導者は、よく「心・技・体（しん・ぎ・たい）」という話をします。

アスリートには「心＝メンタル」「技＝テクニック」「体＝パワーやバランス感覚」の3つが大切だということでしょう。

これに対して、私はＪＰＣに通う子どもたちに「心・体・考（しん・たい・こう）」の3つが大切だよ、と教えています。なぜなら、私のスポーツクラブに通う子どもたちの多くは、特定のスポーツのみに集中して取り組んでいるわけではありません。だから「技＝テクニック」を学ぶ必要はあまりないのです。

その代わりに、子どもたちが社会に出たときに必要な「心＝簡単にめげない精神力」「体＝健康に働ける体力」「考＝自分の頭で判断・決断できる思考力」が備わるようにしてあげたい、と考えているのです。

私がスポーツクラブを設立した理由の一つとして、今の時代には子どもたちの心や体、考える力を鍛える場がなさすぎるのではないか、ということがありました。

学校に行って、塾に行って、家で寝る……この安全で、守られすぎたルーティンの中には、昔の子どものように外で遊び、いろいろな大人や子どもと出会い、ぶつかり合う機会がありません。

かつての子どもたちは放課後の自由な時間に、町にいる大人に叱られたり、遊び仲間とケンカしたり仲直りしたりする中で、ストレスを感じたり、いろいろと考えてコミュニケーションをしていました。その過程で、折れないメンタルや柔軟な思考力を鍛えることができていたと思います。

子どもは社会に出ると、自分が嫌いな人と仕事をしたり、自分がやりたくない仕事をやらなければならないこともあるはずです。そんな試練を乗り越えるだけの精神力や思考力を、今の子どもたちは持つ機会を与えられているでしょうか？

2023年11月、元プロ野球選手のイチロー氏は北海道・旭川東高校の野球部員を指導した際に、「昔は周囲の人が厳しさを与えてくれた。しかし、今は誰も厳しさを与えてくれない。だから、今の子どもたちは大変だと思う」といったことを語ったそうです。

彼が言う通り、周囲が厳しくしてくれないならば、自分で自分に厳しくしなければ成長できません。しかし、それは子どもたちにとって、やはりなかなか難しいことです。

そこで、私はＪＰＣで提供するメニューを通して、その「厳しさ」を与えてあげたいと考えているのです。

もちろん、現在は体罰や厳しい叱責は許されません。しかし、体幹トレーニングで周りのライバルたちが脱落するなか、自分が最後までトレーニングをやり抜く……そんな途中で投げ出さない、目標を達成するまで頑張り抜くという体験は、確実に子どもたちの心の強さ、判断力や決断力といった考える力を鍛え、成長させてくれるのです。

同時に、さまざまなメニューによって体幹を鍛えて体のキレを良くし、ケガを防ぐこと、体を自分の思い通りに動かせる「身体感覚」を手に入れること、関節の柔軟性を高めることも行っています。

これらの基本的な体づくりは、あらゆるスポーツの基礎になるだけでなく、子どもたちが健康に生きていくための土台になるのです。

付け加えるならば、体づくりには「食」も重要な要素です。最近、スポーツクラブの保護者の方から相談されることが非常に増えていますが、まずは「タンパク質」を十分に摂ることを心がけてください。

遊びの中でこそ養われる「集中力」と「判断力」

２０１４年のソチ冬季オリンピックでフィギュアスケート日本男子史上初となる金メダルを獲得し、２０１８年の平昌《ピョンチャン》冬季オリンピックでも数ヶ月前に大ケガをしたにもかかわらず２大会連続で金メダルを獲得した羽生結弦氏。彼の強みは間違いなく、演技への並々ならぬ集中力でしょう。

羽生氏は４歳のときにフィギュアスケートを始めていますが、実は当時から中学校教師で野球部顧問だった父親の影響でプロ野球が大好きだったと言われています（ちなみに羽生氏が広島カープファンであることは、羽生氏のファンの間では有名だそうです）。

さて、子どもにとって「ボール遊び」などの「遊び」は、人生のさまざまな局面で必要になる「集中力」や「判断力」を育ててくれます。その理由をまとめると、次のように説明できるでしょう。

集中力：子どもにとって、遊びは自分の興味や好奇心を刺激する活動です。興味や好奇心を持つことは物事に集中する体験であり、その体験を繰り返すことは、子どもの集中力を自然に高めてくれます。

判断力：遊びの中で、子どもはさまざまな状況を経験します。そして、さまざまな判断を下し、その結果（フィードバック）を受け取ります。この繰り返しによって、子どもの判断力は自然に高まります。

実際、子どもたちにとって遊んでいる時間はあっという間に過ぎていきます。3時間くらいは一瞬でしょう。この3時間を集中して遊ぶことができたという自信は、勉強やスポーツにおいても発揮されます。それこそ「1時間集中して勉強するぞ」「1時間集中して練習するぞ」といった具合です。

こうして遊びを通じて身につけた集中力は、その後の人生で必ず役に立ちます。学校のテスト勉強や入試だけでなく、仕事や資格の取得でも圧倒的に有利になるはずです。

また、鬼ごっこなどで鬼に追いかけられているとき、右に逃げるか左に逃げるか、瞬時の判断が求められます。同時に、その結果もすぐに出ますから、自分の判断が正しかったのか否かもすぐにわかります。その繰り返しによって、子どもたちの判断力はどんどん磨かれていくでしょう。

ちなみに、夢中で遊ぶことによって培われる集中力は、「フロー状態」と呼ばれることもあります。SONYの技術者としてロボット犬「AIBO」を開発した土井利忠氏は、著書の『「生きる力」の強い子を育てる』（土井氏のペンネーム・天外伺朗《てんげしろう》名義。飛鳥新社）でフロー状態のことを「夢中になって、我を忘れて、何かに取り組んでいる状態」と説明しています。

そして、遊びに夢中になっている子どもはこの「フロー状態」に入っており、日常的に遊びを通じてフロー状態に入りやすい体質になることで勉強する際にもフロー状態になりやすくなり、学習効率が非常に高くなる……つまり、毎日長時間勉強している子どもより、徹底的に遊んで「フロー」を身につけた子どものほうが、長い目で見れば学力が高くなる、と述べています。

実際、ＪＰＣに通い始めてから学校の成績が上がったという話をよく保護者から伺います。この「遊びが集中力を高める＝フロー状態に入りやすくなる」という仕組みによって、遊びとスポーツを組み合わせたプログラムが学力の向上に影響しているのかもしれません。

また、羽生氏がフィギュアスケートの試合で見せてくれた素晴らしい集中力の一端も、子ども時代のボール遊びで培われたものなのではないでしょうか？

遊びには子どもの「成長への糧」がつまっている

２０１５年12月、株式会社野村総合研究所はイギリス・オックスフォード大学との共同研究により「10～20年後に、日本の労働人口の49％が人工知能（ＡＩ）やロボット等で代替可能になるとの推計結果を得た」という衝撃的なレポートを公表しました。

このレポートが発表されてから10年ほどになりますが、たしかにＡＩの発達は驚異的です。「ChatGPT」に代表される会話型ＡＩサービスは、まるで本物の人間のような受け答えをしてくれます。実際に使ってみた人ほど、人間の仕事はすべてＡＩに奪われるのではないか……と心配しているのではないでしょうか？

だからこそ、私は子どもに勉強ばかりさせているのは問題だと思います。教科書の内容を覚えさせ、テストの答案用紙に書き写して100点を取ったら良い成績がもらえる……もう、そんな時代ではありません。答えの決まっている問題など、ＡＩに聞けば一瞬で解答してくれるからです。

これからの時代は、やはり人間だけが持つ「人間性」に価値が生まれるでしょう。そして、この人間性が育《はぐく》まれるのは子ども時代の「遊び」だけなのです。

たとえば、誰かの心や体が傷ついていたり、自分が誰かを傷つけてしまったときにどうしなければいけないか。そういったことを、子どもたちは遊びの中で学びます。もし、こうした経験がほとんどないまま大人になったとしたら、非常に恐ろしいことでしょう。

反対に、そうした経験を豊富に持っている子どもは、ＡＩにはない「人間性」を強みにしてさまざまな人とコミュニケーションをとり、立派に生きていくことができるはずです。

私自身、子ども時代に自由に遊ばせてもらったことが、大人になってから役立ちました。当時はキックベース（サッカーボールを使った野球）、鬼ごっこ、かくれんぼ、缶けり、ブランコで勢いをつけてのクツ飛ばし、片足ケンケンで競走……など、いろいろな遊びをしていました。

小学4年生のときは、友人たちと自転車でどこまで行けるのかに挑戦し、地元の岐阜県羽島市から滋賀県の琵琶湖まで（片道およそ40km）行ったこともあります。決まった遊びではなく、常に新しい遊びを思いつき、何かを作ったりしていました。

私を含め4人の同級生で遊ぶことが一番多かったのですが、年上や年下の子どもたちと一緒に遊ぶこともたびたびありました（中学生はパワーがありすぎるから誘わないでおこうぜ、なんて相談もしていたくらいです）。

そうして笑ったり泣いたりしながら遊んでいるとき、私の頭は勉強しているとき以上にフル回転していたと思います。

こうした遊びを通じて身につけた主体性や考える力、冒険心、想像力、観察力といったものがあれば、ＡＩを必要以上に恐れることはありません。なぜなら、こうした力は人間だけが持っているものであり、それを使ってできること（たとえば「営業」「交渉」

「経営」など）は、決してＡＩにはできないからです。

ぜひ、お母さんお父さんには子どもが遊ぶことの大切さを、もっと知っていただきたいと思います。

スポーツの中にある「社会で生き抜く力」

子どもが小学生以下のお母さんお父さんにはまだ先の話ですが、子どもが大学生の親にとって最大の関心事は、子どもの就職活動ではないでしょうか？　実はこの就職活動で役立つのが……スポーツです。

経済誌「プレジデント」（２０１７年５月１日号）の「就職活動でトクする『運動部』ランキング」という記事によれば、就職時に人事部から好印象だった競技・部活の順位は「１位ラグビー部」「２位（が同率で）野球部・アメフト部」。そして、スポーツ経験者が評価される理由として「体育会出身者は『組織に適応する能力』と『目標を設定して達成する能力』の２つを身につけている、という信頼感がある」「団体競技を経験してきた社員は自分のミスがチーム全体にどのような影響を与えるか身をもって体験しており、業務上のミスも『自分事』として責任を感じられる人が多い」といった人事部門関係者のコメントもあったのです。

これは野球部出身で、スポーツクラブ経営者である私の目から見ても、うなずくところが多い内容です。事実、スポーツは就職に有利なだけでなく、社会で生きていくうえで必要な力を教えてくれると思います。

子どもにとって遊びはとても大切ですが、遊びにはスポーツのような厳格なルールはありません。自分たちが楽しいように、いくらでも自由に許容度を広げることができます。

一方、スポーツには「ルール」や「監督（コーチ・指導者）」といった絶対的に従わなければならない、自分たちではどうにもならないことや存在があります。

たとえば、遊びで野球をするなら「次は僕がピッチャーをやりたい！」と言えばやらせてもらえます。しかし、スポーツでは「お前の球はスピードがないからダメ」「コントロールが悪いから任せられない」といった残酷な現実を突きつけられます。

そして、遊びはせいぜい小学校の学区内のような狭いコミュニティで行われますが、スポーツは市大会や県大会といった広域で、同じ学年でもびっくりするような体格やパワーの相手とも対戦しなければなりません。そして、ボロボロに負けることもあるわけです。

社会に出てから、仕事において似たような経験をすることがあるはずです。ですから、スポーツは子ども時代からそういう現実を体験できる貴重なツールでもあるわけです。

子どもたちは、スポーツを通じて、困難な場面をどう乗り越えるか、どう努力していくか、ということを考えることになります。スポーツに「努力」が必要なのは、基本的には勝つことを目標としているからです。

そのため、チームとして戦術や戦略を立て、限られた時間の中で連携を磨き、個々の能力を伸ばすことになります。これは会社がいかにしてライバル企業に勝ち、売上を伸ばしていくかに似ています。

ちなみに、個を押し殺さなければならない場面もある団体スポーツと、個人スポーツでは、身につくものはかなり違うという面はあります。それでも、優劣は「練習内容」

ではなく「試合の結果」で決まる、という現実を学べることはあらゆるスポーツに共通していいます。これは本気の「勝ち・負け」を経験する機会の少ない子どもにとって、非常に深い学びになるでしょう。

スポーツにはさまざまなポジション（野球ならピッチャー、キャッチャー、ファーストなど9つ。バスケットボールなら5つ。ラグビーなら15）があり、その中で自分の役割を果たしていくことも人間の幅や視野が広がるという点で有益です。

ぜひ、お母さんお父さんには子どもが小学校の高学年、または中学生くらいになったら何かスポーツを経験させてみることをおすすめします。

第3章

子どもの体が劇的に変わる「魔法のマット」

「9マス鬼ごっこ」が大バズり

「子どもたちが鬼ごっこをしているだけの動画」が、インスタグラムで747万回再生（2025年2月20日時点）と大変な人気を集めた……と言われたら、あなたは信じられるでしょうか？　実はその動画は、JPCで行われた「9マス鬼ごっこ」を撮影したものでした。

この「9マス鬼ごっこ」は、現在かなり注目されています。人気アイドルグループ「SixTONES」も、メンバーが体験している様子をユーチューブやインスタグラムに投稿して人気を集めているほどであり、年齢や性別に関係なく誰でも楽しめる遊びです。

まずは、基本的なルールを説明しましょう。ゲームは3分程度で行われます（参加人数は最低2人からできますが、おすすめは4～5人程度）。

1．床（や地面）に3×3の9つのマスを作ります。

2. それぞれが各マスの中に入ります（鬼役が1人、それ以外は逃げる役）。

3. 「せーの！」などのかけ声に合わせて、同時に全員が1マス隣（前後・左右のマス）にジャンプします（鬼役と同じマスにジャンプした人はアウト）。

4. この1マス隣へのジャンプを繰り返し、最後まで生き残った人が勝ち。

※1マス斜めにジャンプしてもOKなど、ルールはさまざまなバージョンあり

この9マス鬼ごっこは、次に鬼役がどこに跳ぶかを瞬時に判断し、そのマス以

ファンクショナルマット（87ページ）を用いた「9マス鬼ごっこ」で体幹等をより効率的に鍛える

外のマスに跳ぶようにする「判断力」と「瞬発力」が求められます。さらに跳んだマスから、よろめいてはみ出さないようにすることで、「バランス感覚」「体幹力」も鍛えられます。また、「空間把握能力」や「全体を俯《ふ》瞰《かん》する力」も重要になってきます。

ちなみに、この９マス鬼ごっこには「鬼役が元いた場所に跳べば、絶対に捕まらない」という必勝法があります。しかし、そのことをコーチはあえて説明しません。そのような発見は、子どもたち自身が見つけたときに最大の喜びを感じるものだからです。

このように、９マス鬼ごっこは、「判断力」「瞬発力」「バランス感覚」等を磨き、「自分で新たな発見をする喜び」まで味わえる、遊びとスポーツを融合させたプログラムなのです。

ぜひ一度、動画を見てください。子どもたちが実にイキイキと楽しそうで、見ていて微笑ましくなりますよ。

ボディビルダーとバレリーナの「体幹力」

「ためしてガッテン」（NHK総合テレビ）で、JPCの顧問をお願いしている体幹トレーニングの第一人者、木場克己氏が監修したこんな実験が行われたことがあります。

筋肉モリモリのボディビルダーとすらりとしたバレリーナの二人がバランスボール（空気を入れた直径70㎝ほどのトレーニング用のビニールボール）に座り、何秒間その姿勢を保てるか……という内容でした。

結果は……バレリーナの圧勝でした。ボディビルダーは、あっという間にバランスボールから落ちてしまったのです。

バレリーナは爪先立ちで何回転もできるほど体の軸（体幹）を鍛えているため、体全体が安定しています。そのため不安定なバランスボールの上でも容易に姿勢を保つことができました。

一方、一般的なボディビルダーは全身の目に見える筋肉（筋肉量や筋肉の形）は徹底して鍛えていますが、体幹はあまり鍛えていません。そのため、バランスボール上で姿勢を保てなかったのです。

ここで改めて説明すると、「体幹」とは背骨や骨盤の向き、角度に影響を与える筋肉の総称です。腕や脚、あるいは体の表面側ではなく、胴体の筋肉層の内部についた筋肉（インナーマッスル）であり、体を支える「軸」のような働きをしてくれるもの、と考えればよいでしょう。

さて、あらゆるスポーツにおいて、必要な情報を得るのは「目」です。野球でボールをとらえるのも、サッカーで敵の動きをとらえるのも、すべては目の働きです。

ここで重要なのが、目は頭についているということです。体幹が鍛えられていないスポーツ選手は頭の重さ（体重の約10分の1）をしっかり支えられず、常に頭がぶれています。そのため、目から入ってくるさまざまな情報もぶれ、パフォーマンスが落ちるのです。

野球選手を例にとると、ピッチャーもバッターもボディビルダーのような筋肉は必要ありません。鍛えられた体幹を軸に、安定した頭部（目）から正確な視覚情報を取り入れ、ムチのように体をしならせて（回転させて）、ボールを投げたり打ったりすることが最高のパフォーマンスにつながるのです。

クッション性のある人工芝の上を裸足で駆け回る

　子連れで街中を歩く親御さんの多くが我が子に向かってひんぱんに「気をつけて！」「危ない！」「走らないで！」という3つのセリフを口にします。交通事故で子どもが犠性になるニュースがしばしば流れ、また、アスファルトやコンクリートの上を走るのは足に良くないとされるようになり、今では「走ることは悪」という雰囲気すら感じます。

　集団下校する小学生たちが路上でふざけて走っていると、「危ない！」「先生、注意してください！」と地域の人たちから学校に通報が入るそうです。それが「地域で子どもを育てる」ということになっています。

　もともと、子どもには「思い切り走りたい」「追いかけられて逃げ回りたい」という本能があります。しかし、学校の校庭は防犯面から開放されないことがあるうえに、公園で遊ぶことも「騒音」とされるようになってしまいました。道路で遊ぶわけにはいかず、もし遊んだとしても転べば大ケガにつながりかねませんし、車に轢《ひ》かれる可能性もあります。

その結果、最近の子どもたちは「走る」ことをほとんどしなくなりました。私が子どもの頃は、田んぼ道など舗装されていない場所があり、そこでよく走り回って鬼ごっこなどをしていました（地面が土の場合、転んでもそれほどひどいケガはしません）。こうして自然に体を鍛え、走り方も覚えていたのですが、いまやそういう機会や環境はほぼ失われてしまったのです。

だからこそ、私は子どもたちが思い切り走り回れる環境を作りたいと思いました。そこで、ＪＰＣのフロア全体にクッション性のあるマットを敷き、その上に人工芝を敷き詰めたのです。

子どもたちは、そこでのトレーニングの時間はずっと裸足です。足の裏に刺激を感じながら思い切り走ることで、子どもたちは体を動かす感覚を取り戻すことができるのです。

さらに、裸足で運動することで足の指が開くようになり、陸上選手のような「足の指で地面をつかむ感覚」を持てるようになります。これも、子どもの運動能力を高めるためには非常に効果があります。

ちなみに、小学生くらいだと、コンクリートやアスファルトではなく、木の床であっても、激しい運動をすると未成熟なヒザに負担がかかり、痛みを感じることがあります。正直なところ、多くの学校の体育館や民間の体操教室は木の床でできており、しかも学校ではクッション性に乏しい「体育館シューズ」で運動させているのは、かなり危ないと思います。

この点も「クッションマット＋人工芝」であれば問題ありません。転んだときにケガをする心配がほとんどないのも大きなメリットでしょう。なお、中学生以上が行う本格的なトレーニングでは室内シューズを着用させています。

かんたん体幹トレーニングの反復で「体が変わる」

「体をスムーズに動かすには体がぶれない（ぐらぐらしない）ようにすることが大切なんだよ」と子どもたちに言葉で教えただけで、いきなり体幹がしっかりとできあがる……ということはありません。実際に体幹を作り上げていくには、やはり適切なトレーニングを反復することが必要です。

さて、「体幹」がどの程度できあがっているかは、次ページの写真のような簡単な動きでチェックできます。みなさんもこの本を読むのを一時中断して、ぜひやってみてください。

いかがだったでしょうか？　意外と屈伸する際に、前後左右にぐらついてうまくできなかった人も多いと思います。私たちのようなスポーツクラブの指導者は、子どもたちにもこのシンプルな体幹チェックをやってもらい、体幹のレベルや体のクセを把握しています。

さて、普段からあまり外遊びをしていない（運動していない）子どもは関節の柔軟性が低く、下半身で生まれたパワーをスムーズに上半身に伝えられません。せっかくのパワーが関節で止まってしまうのです（これがボールをうまく投げられなかったり、かけっこが遅かったりする原因です）。

この仕組みを「逆上がりができない子ども」でご説明しましょう。逆上がりができな

簡単にできる！　体幹チェック

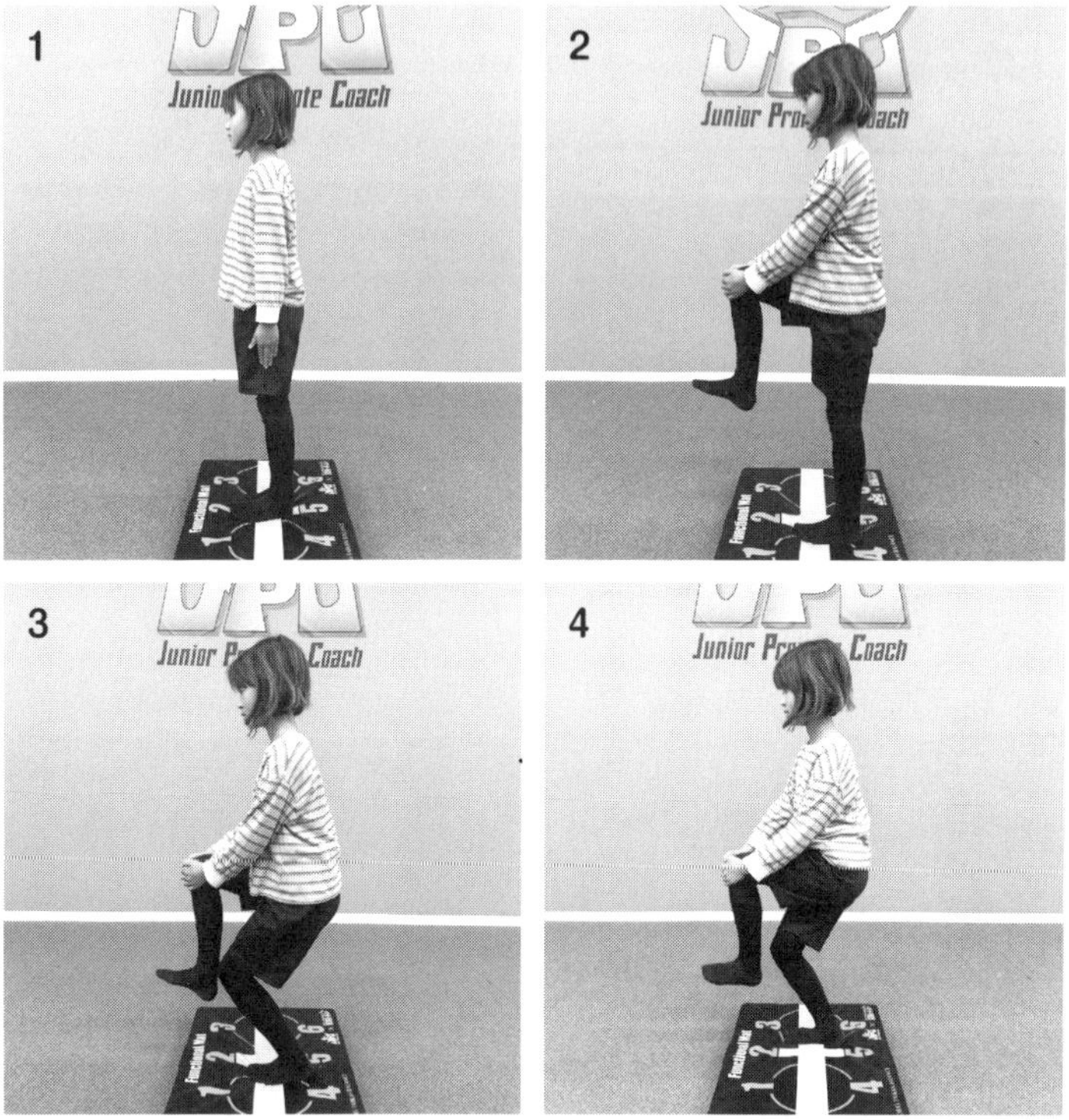

1. 両足で立ち、背筋をピンと伸ばす
2. 右ヒザを両手で抱えて水平に持ち上げる（背筋は伸ばしたまま）
3. その状態で、左足で（数回）屈伸運動をする（このときも、できるだけ背筋は伸ばしたままで）
4. 足を入れ替えて、同じように（数回）屈伸運動をするい子は関節の柔軟性が低いため、頭を鉄棒に引きつけられず、後ろにそらしたまま回転しようとします。

いわば、頭が後ろに垂れ下がってしまっているような状態です。これではどれだけ下半身で勢いをつけて回ろうとしても、体重の約10分の1もある頭の重さが邪魔をして、うまくいきません。

逆上がりができるようになるには、さまざまな反復練習が必要になります。

ここで、子どもの関節の柔軟性を高め、上半身と下半身の動きを連動させるためのトレーニングを一つご紹介しましょう。その概要は次ページの写真のようになります。

大人には簡単に思えるかもしれませんが、ほとんどの子どもたちはぐらぐら揺れてすぐに足をついてしまいます。そこで、「頭を動かさないようにしてみよう」というアドバイスをします。頭を動かすと体のバランスが一気に崩れてしまうからです。

この言葉で、子どもたちはちゃんと頭が動かないように意識してくれます。そして、毎週1回のトレーニングで反復練習しているうちに、頭を動かさないためには体のどこに力を入れればいいいか、だんだん理解していきます。

簡単体幹トレーニング

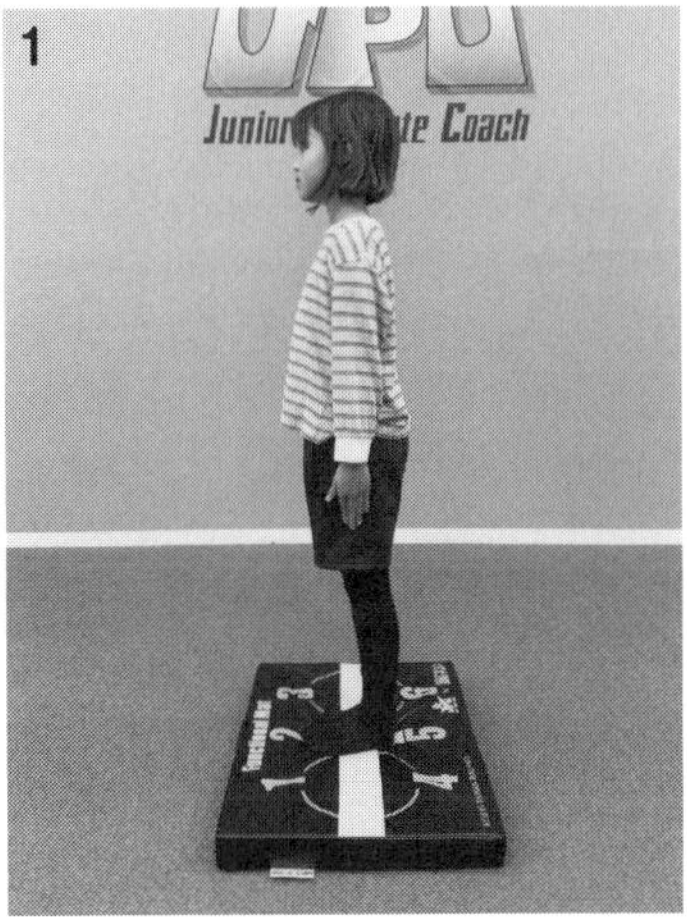

1

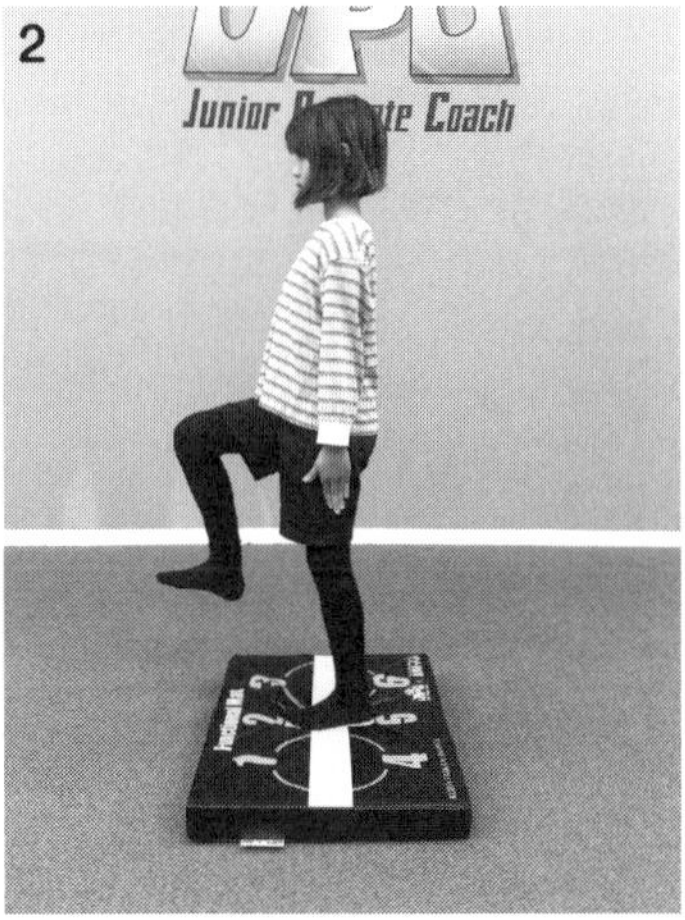

2

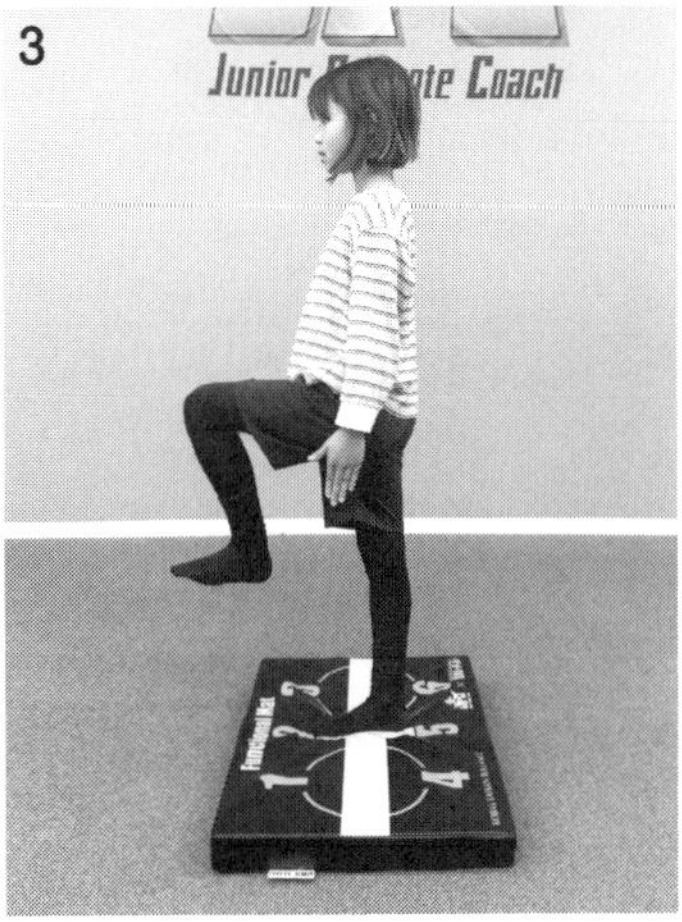

3

1. まっすぐ気をつけする
2. 片足を上げて（ふともも と体の線ができるだけ直角近くになるまで足を上げ）、10秒間動かないようにする
3. 足を入れ替えて、同じように上げた足が動かないようにする

つまり、体幹（お腹）に力を入れることで頭はぐらつかず、体全体が安定するのです。この感覚をつかむために、やはり反復練習が必要。ぜひ、ご家庭でもお子さんと一緒にチャレンジしてみてください。

「魔法のマット」を自在に使って、遊びながら体幹を鍛える

「スポーツとマット」というと、ベッドのマットレスを想像される方が多いかもしれません。フィギュアスケート選手やプロテニス選手が愛用しているマットレスもあれば、有名な野球選手がイメージキャラクターになっているマットレスもあります。

　しかし、ＪＰＣで使っているマットは、体幹トレーニング用のファンクショナル（機能性）マット。前述した体幹トレーニングの第一人者、木場克己氏が開発した複数のウレタン層からなる特別なアイテムです。

木場克己氏が提唱している「KOBA式体幹☆バランストレーニング」には、「柔軟性」「安定性」「バランス」「連動性」という4つのコンセプトがあります。そして、体幹トレーニングに使っているファンクショナルマットは、この4つを鍛えることができ

ファンクショナルマット

片足立ちで上体を床と平行にし、体幹を鍛える

マットからマットへ次々に跳んで体幹を鍛える

ます。

たとえば、さまざまなスポーツにはそれぞれ必要な柔軟性があります。器械体操などは極めて柔軟性が必要ですが、サッカーや野球はそこまでの柔軟性は求められず、最低限の可動域があれば十分です。むしろ単純に体が柔らかいだけでは、ケガは少なくなりますがプレーに必要な「パワー」が出ません。

そこで、柔軟性だけでなく安定性やバランス、連動性も同時に鍛える必要があるわけです。

ＪＰＣでは、このファンクショナルマットを並べ、その上でさまざまなトレーニングメニューを行います。たとえば、前項の片足で10秒立つというメニューも、このファンクショナルマットの上でやれば、バランスをとるのは一気に難しくなります（85ページの写真参照）。

しかし、それができるようになれば、必然的に体幹（お腹）の部分に力が入った状態をマスターできます。さらに、曲がっていた骨盤が正しい位置に戻り、頭から足までまっすぐな安定した状態をとることができるようになるのです。

このファンクショナルマットの上に、平均台のような細長いマットを縦に長く並べて「橋」のようにする使い方もあります。小学生の子どもたちは、その細い橋を走ったり、四つん這《ば》いになって移動したりします。

「マットから落ちたらワニさんに食べられちゃうよ！」と子どもたちをおどかすと、子どもたちはキャアキャア言いながら夢中でマットの上を渡ります。こうして不安定なマットから落ちないように移動していると、自然に体幹が鍛えられ、バランス感覚が身につき、上半身と下半身を連動させることができるようになり

平均台のような細長いマット上を歩く

ます。

さらにレベルアップすると、不安定なファンクショナルマットの上で重量のあるウォーターバッグ（水の入ったトレーニング用具）を抱えながら、片足立ちやその状態での屈伸をします。こうした状態で頭や体がぐらつかないようになれば、体幹は相当なレベルまで鍛えられていると言っていいでしょう。

いずれにせよ、ファンクショナルマットは子どもたちにとって、ケガの心配をせずに楽しく遊びながら体幹やバランス感覚を鍛えられる、まさに「魔法のマット」なのです。

マット上でウォーターバッグを抱え、体幹を鍛える

トレーナーたちと楽しくスリルを味わいながら体幹を鍛える

プロ野球選手の自主トレに参加し、体幹強化のヒントを得る

小学５年生から野球をやり、同時にプロ野球ファンでもあった私には、長年の疑問がありました。それは、いかにも活躍しそうなすごい筋肉の選手がケガであまり活躍せず、反対に筋肉があまりなさそうな細身の選手が長期にわたって一軍で活躍することでした。

この疑問の答えは、のちにプロ野球選手の冬季自主トレーニングにトレーナーとして参加するようになって明らかになりました。その答えとは、多くのプロ野球選手は野球に関してはすごい経験・知識を持っていても、体についての知識はあまり持っていないということ。つまり、そもそも間違ったトレーニングをしている人が多かったのです。

具体的には、体幹トレーニングの重要性を知っている人は意外なほど少数でした。それは、２０２５年現在も変わりません。その結果、多くの選手がウェイトトレーニングばかりをして見た目の筋肉量を増やし、その筋肉に振り回されて腕や足に大ケガをしているのです。これが、いかにも活躍しそうなすごい筋肉の選手たちの正体でした。

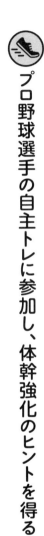

反対に、さほど筋肉はなさそうな細身の選手は、不必要な筋肉が邪魔になることを知っていました。たとえば、ピッチャーであれば肩周りの筋肉をつけすぎると、腕の可動域が減ります。これはピッチングには致命的です。

バッターも、余計な筋肉をつけると体の動きが鈍くなるため、一流の打者ほど腕や足の筋肉よりも体の軸となる体幹を鍛えます。その結果、鋭いバッティングをするために不可欠な体の回転が速く強くなり、筋肉が大きい選手よりも活躍できるのです。

そもそも、ピッチャーのマウンドからホームベースまでの距離はわずか18・44m。時速150㎞の球はリリースされてから0・4秒ほどでキャッチャーミットに到達します。そんな超高速の世界に対応するためには、筋肉や体重は重荷でしかありません。そういう世界で100㎏、200㎏のバーベルを挙げられました、などと自慢している選手が活躍できないのは当然と言えるでしょう。

私は、2012年オフに中日ドラゴンズから広島カープに移籍し翌年オフに現役引退された久本祐一氏の紹介で、2018年から2019年にかけて、広島カープの菊池涼介選手の自主トレにお手伝いとして参加させていただいたことがあります。

菊池選手は球界屈指の守備の名手であり、二塁手としてセ・パ両リーグを通じて史上最多の10年連続ゴールデングラブ賞を受賞されています。そんな彼は学生時代に体幹トレーニングの重要性に気づいたといいます。

菊池選手のトレーニングは、プロ野球選手ならではの極めて強度の高いものでした。それでも、子どもたちの運動能力を高めるための素晴らしいヒントになりました。

菊池選手の自主トレーニングへの参加がきっかけとなり、私は子どもたちに合った体幹トレーニング方法を研究し、導入することにしたのです。

子どもたちにとって「勝負事」は害悪なのか？

最近、小学生が参加するさまざまなスポーツの大会で、「全国大会を廃止しよう」という議論があります。この議論のきっかけになったのは、2022年3月に公益財団法人全日本柔道連盟（全柔連）が「全国小学生学年別柔道大会」の廃止を発表したことでした。

また、学校の運動会（最近は「体育学習発表会」と呼ばれます）でも、１００m走やリレーで、ゴールしたあとに順位で並ばせるなどをしないところが増えています。これらの風潮の根底には、「スポーツは楽しむためのもの」「勝利至上主義は良くない」「勝ち負けにこだわらず、子どもたちを平等に扱おう」といった考え方があるようです。

私は、このような考え方に強い違和感を覚えます。たしかにスポーツにおいて楽しむことは重要です。しかし、やはり楽しみながらも勝ち負けに対する「こだわり」を子どもたちに身につけさせることは大切だと思います。

もし、学校行事やスポーツで「競争を取り除いた環境」に慣らされた子どもたちが、社会に出たらどうなるでしょうか？　社会では大なり小なり、あらゆる場面で競争する必要があります。そんな現実にいきなり直面させられた子どもたちは戸惑ってしまうことでしょう。

人生では「あいつに勝ちたい」「負けてたまるか」という気持ちは非常に重要です。このような気持ちがあるからこそ、モチベーションも高まります。そういった競争心がまったくない子どもたちは、日々何をするでもなく、家でダラダラと過ごすだけではないでしょうか?

野球やサッカーといったチームスポーツなどで、ライバルに勝たなければレギュラーになれないといった厳しい競争環境に身を置くと、生きていくうえで大切なさまざまなものが養われます。

それは、たとえば「目標達成能力」や「協調性」「強いメンタル」などです。監督に叱られたり、試合でミスをして落ち込む経験が、メンタルを鍛えてくれるのです。

ちなみに、私が考える「メンタルの強さ」とは、何を言われても平気というメンタルの強さではありません。そんな四方八方から飛んでくる矢をすべて受け止めても平気、という人など存在しないのです。自分に批判的な意見を真正面から全部受け止め続けると、どんなに強い人でも心は壊れてしまいます。

ですから、本当にメンタルが強い人というのは「批判をうまくかわす人」です。誤解を恐れずに言えば、「相手に言われたことを自分に都合よく翻訳してしまう人」と言ってもいいでしょう。

たとえば、野球部で監督に叱られたときに「いや、俺が悪いわけじゃないし」「また監督、何か言ってるな」と心の中で受け流せる子どもほど、強いメンタルを持っているということ。チームスポーツで厳しい経験を積むと、このようなメンタルを養うことができ、社会に出ても折れない自分になることができるのです。

逆に、こういう「受け流せる」態度を子ども時代に習得できなかった「まじめな子ども」が、社会に出て心を病んでいるような気がしてなりません。

余談になりますが、メディアに登場するスポーツ選手はみんな素直で爽やかに見えます。「応援してくださるファンのおかげです」「周囲の人に支えられています」といったコメントに感心している人も多いでしょう。

しかし、実際の彼ら彼女らはそんな素直な人格者ではありません。プライベートの彼ら彼女らはとても頑固で、むしろエゴイストだったりします。

言い換えれば、「俺は俺のやりたいようにやる」という強い自分を持っているからこそ、厳しい競争を勝ち抜き一流になっているのです。監督やコーチ、周囲の意見に素直に耳を傾け、それに従うような選手は競争の初期段階で潰されてしまうのです。第一線で活躍するアスリートで「素直に見える人」は「素直を演じている」のが本当のところです。

話を元に戻すと、「全国大会の廃止」を唱えている人たちは、負けた子どものことばかり配慮しているのではないでしょうか？　私はそういう配慮こそ、余計なお世話だと思います。

なぜなら、負けることは単にそのスポーツにはあまり向いていなかったということに気づく「きっかけ」にすぎないからです。野球でレギュラーを取れなかったからゴルフに転向した、サッカーで結果が出なかったから野球を始めた……そういう方針転換をするうえで、負けることは非常に大切です。負けるという経験をしなければ、子どもたちも判断しようがありません。負けた子には、またスポットライトの当たる「別の場所」があるのです。

むしろ、負けから子どもを遠ざけようとする配慮によって、勝者をリスペクトする機会をなくすほうが問題でしょう。勝ち負けをきちんとつけようとしない風潮は、日本のスポーツ力だけでなく国力すら下げてしまうのではないか……私はそんな危機感すら覚えます。

子どもたちのスポーツに関わる各位、またお母さんお父さんには、どうか「将来オリンピックに出たい」「全国で1位になりたい」「必ずプロになるんだ」といった子どもたちのモチベーションや活躍の場を奪わないでほしい……と、この場を借りてお願いしたいと思います。

メンタルとフィジカルを鍛えられる「秘密の場所」

プロ野球における「一流選手の特徴」が何か、みなさんはご存じでしょうか？　答えは「監督・コーチの言うことを聞かない」、です。

ピッチャーでもバッターでも、ほとんどの一流選手は自分の知識や経験、技術のほうが監督やコーチより上だと思っています。それこそ、ごちゃごちゃ言われると調子を崩す……くらいに考えているのが一流選手と呼ばれる人たちなのです。

そんな彼らも、私たちのようなフィジカルに特化したトレーナーの話はよく聞いてくれます。なぜなら、私たちは野球の技術的な話ではなく、人体の構造に基づいたアドバイスしかしないからです。

たとえば、バッティングに関してアドバイスするとしましょう。私たちは、ボールを待ち構えるときの「頭の位置」と「体幹」の関係について話をするのです。

体幹が鍛えられていない選手の場合、ボールが来るときに頭が少しだけピッチャー側に傾きます。バッターはボールの情報を目から得ていますが、頭が動くとその視覚情報がずれるのです。

先述のように、ピッチャーの投球がキャッチャーミットに収まるまでわずか0・4秒ほどですから、このわずかな視覚情報のずれはバッティングに大きな影響を与えます。

体幹を鍛えた選手は頭の位置を動かさずにボールを待ち構え、体幹を軸に一瞬で体を回転させて打つことができます。このような頭のずれが生じるか否かで、打撃成績が大きく変化しますよ……という説明をするのです。

また、関節が硬いと動ける幅が小さくなることから、関節の可動域を広げる提案もしました。このような体の構造的な面からのアドバイスは、一流のプロ野球選手も常に欲しており、熱心にトレーニングに取り組んでくれます。

ここではプロ野球選手の例を挙げましたが、ＪＰＣに通ってくれる中学生や高校生の場合も同じようなものです。当教室の子どもたちには、「運動が苦手なのでなんとかしたいタイプ」と「運動能力に自信があり、それをさらに伸ばしたいタイプ」の2タイプがいます。

そして、後者のタイプの子どもたち（何らかのスポーツに真剣に取り組んでいる子どもたち）については、スポーツの技（テクニック）の指導は所属するチームの監督・コーチに任せ、当教室では心（メンタル）と体（フィジカル）を強化する環境を提供しています。

スポーツの成績はテクニックだけでなく、選手のメンタルとフィジカルに大きく左右されますが、このメンタルとフィジカルを鍛え、必要な知識を得ることができる場はなかなかありません。

ＪＰＣに通ってくれる中学生・高校生アスリートの成績が次々に上がったことから、彼ら彼女らは当教室をライバルに差をつけるための「秘密の場所」のように受け止めています。

ただ、みんな自分だけの「秘密の場所」なので、なかなか周囲の人に紹介してくれないのは……トレーナーとしてはうれしいですが、売上を考えなければならない経営者としては残念なところです（笑）。

第4章

我が子の「運動能力チェック」と自宅でできる簡単「体幹トレーニング」

我が子の運動能力チェック！

園児～小学生向けの運動能力（体幹力、バランス力）チェック法をご紹介。レベル1から7まであり、レベル7が最難関。さあ、スタート！

レベル
1

園児向け
小学生向け

ヒザ立ちペンギン歩行

準備 敷き布団や薄いマットレスなどの上で。

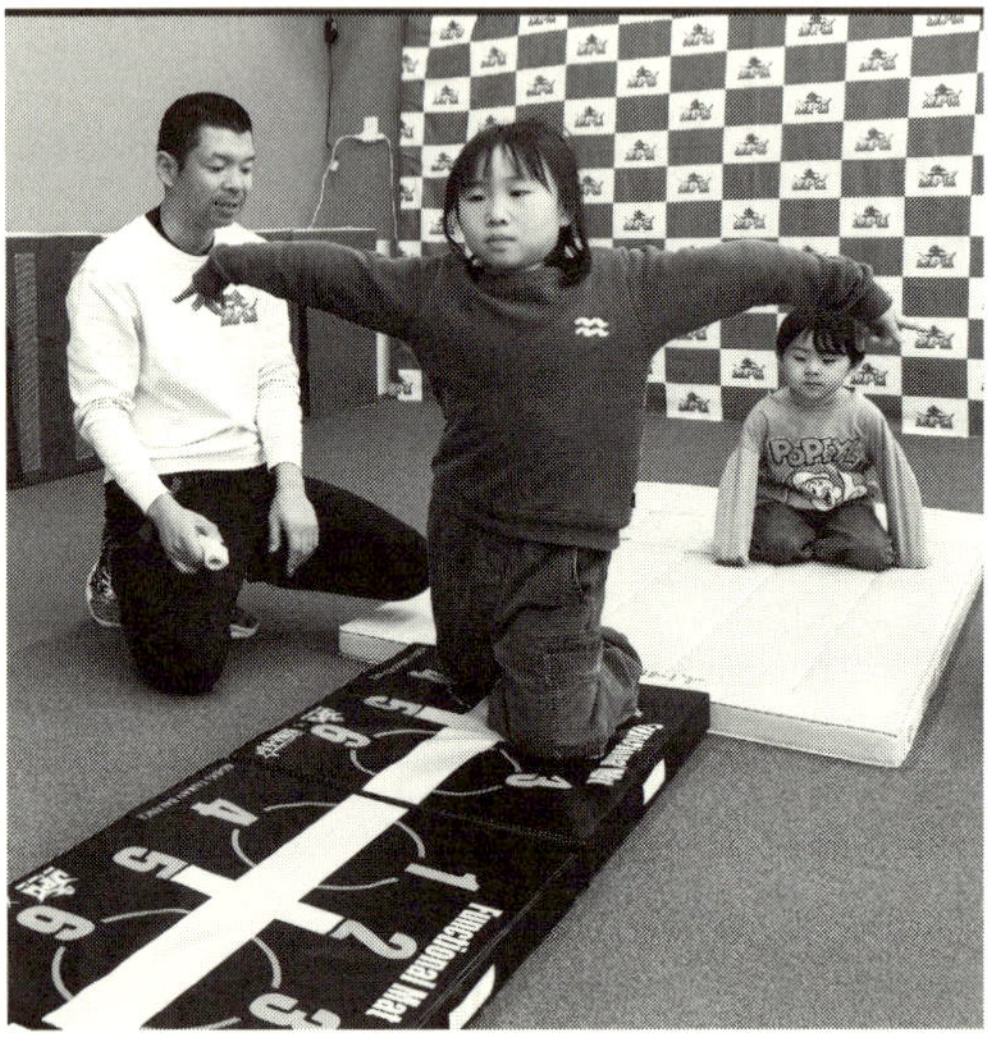

ヒザから下を床につけた状態で5mほど前進。手を広げながらでもOK。

チェックポイント ヒザから下を床につけてお尻をしっかり持ち上げた状態で移動できているか／頭が床に対して平行に移動できているか

失敗例 前や横に倒れる

レベル
2

園児向け
小学生向け

まっすぐ歩けますかテスト

準備 フローリングや畳など、まっすぐなラインが見える床の上で。ラインがない場合はテープなどをまっすぐ貼ってください。

ラインを踏みながら5mほど歩きます。歩幅は自由。

チェックポイント ライン上を歩けるか／頭が床に対して平行に移動できているか

失敗例 ラインから外れる／頭が左右に揺れる

レベル
3

園児向け
小学生向け

片足バランス

準備 安定した床の上で
（簡単にできた人は敷き布団やマットレスの上でもチャレンジ）。

片足立ちしてヒザをヘソ付近までアップ。手は横に広げる。この姿勢を10秒キープし、反対の足（ヒザ）も同様に。

チェックポイント ヒザがヘソ付近まで上がっているか／頭の揺れ、上半身の前傾がないか／お腹に力が入っているか／骨盤が垂直になっているか／立っているほうのヒザが伸びているか

失敗例 前後左右に揺れる／上げている足が床につく

レベル
4

園児向け
小学生向け

片足サイドジャンプ

準備 安定した床の上で。

ジャンプする方向のヒザをヘソ付近までアップし、軸足で踏ん張って30㎝ほど横にジャンプ（着地点に目印となるテープを貼るとベター）。

チェックポイント ピタッと着地（静止）できるか

失敗例 着地時に体がぐらりと揺れる

レベル
5

園児向け
小学生向け

両手を上げて片足バランス

準備 安定した床の上で
(簡単にできた人は敷き布団やマットレスの上でも)。

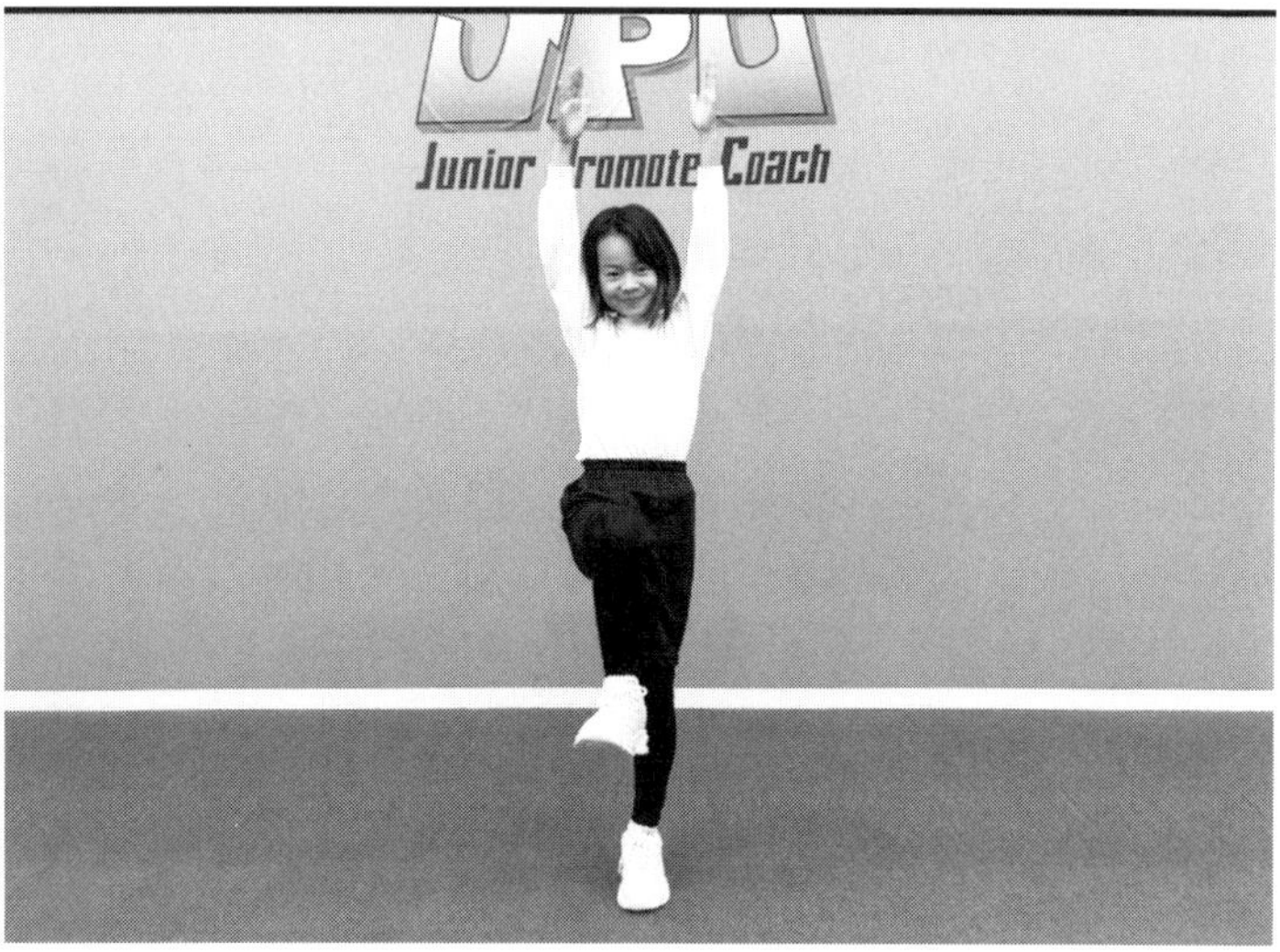

片足立ちしてヒザをヘソ近くの高さまでアップ。両手は肩の真上に上げ、手のひらはできるだけ向かい合わせに。この姿勢を10秒キープ。反対の足も同様に。

チェックポイント ヒザがヘソ付近まで上がっているか/頭の揺れ、上半身の前傾がないか/お腹に力が入っているか/骨盤が垂直になっているか/立っているほうのヒザが伸びているか/肩の真上に腕があるか/手のひら同士が向かい合っているか

失敗例 前後左右に揺れる/上げている足が床につく/片方の足しかうまくできない場合は骨盤が歪んでいる可能性も

レベル 6

園児向け
小学生向け

片足バランス ヒザ抱え込み屈伸

準備 安定した床の上で。

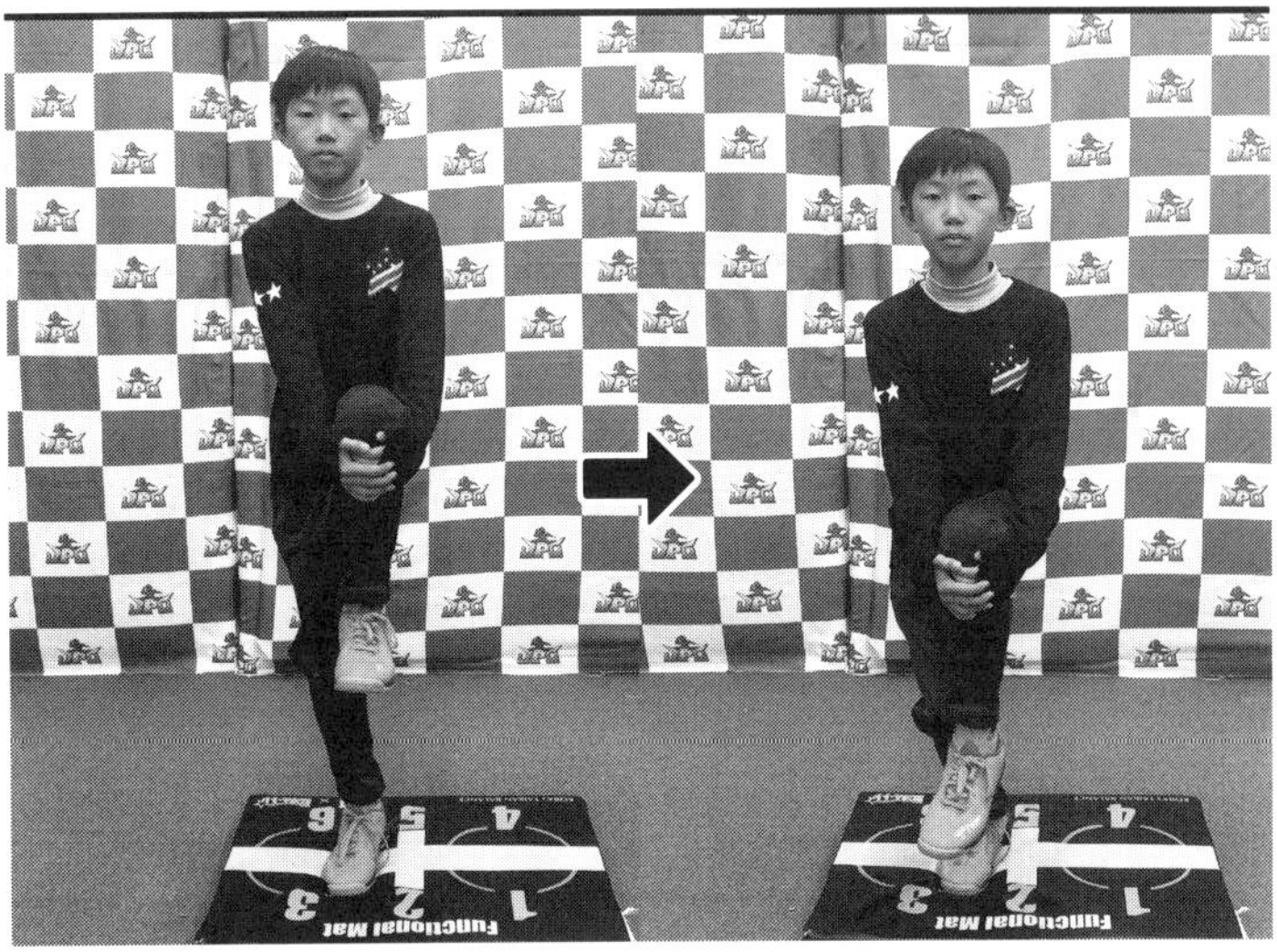

片方のヒザを両手で抱え、ヒザをできるだけ胸に近づけたあと、頭と立っているほうの足が一直線になるよう意識して10秒間、ゆっくり数回屈伸。以上を反対の足でも同様に。

チェックポイント お尻を10 ～ 15㎝程度は下げられているか

失敗例 屈伸時に頭がぶれる

レベル
7

園児向け
小学生向け

片足バランス2

準備 安定した床の上で。

立った状態で片方のヒザをヘソ付近まで引き寄せ、引き寄せた足を前方に伸ばします。この状態で、立っているほうの足を10秒間、ゆっくり数回屈伸します。

チェックポイント ヒザがヘソ付近まで上がっているか／頭の揺れ、上半身の前傾がないか／お腹に力が入っているか／骨盤は垂直になっているか／前方に伸ばしたヒザは曲がっていないか／ヒザを屈めたとき、もう一方の足のカカトは床近くまで下げられているか

失敗例 前後左右に揺れる／上げている足が床につく／前方に伸ばした足がふらつく／屈伸量が少ない

トレーニング 1

5セット

ドローイン

ドローインとは、お腹をへこませたり膨らませたりする動きのこと。

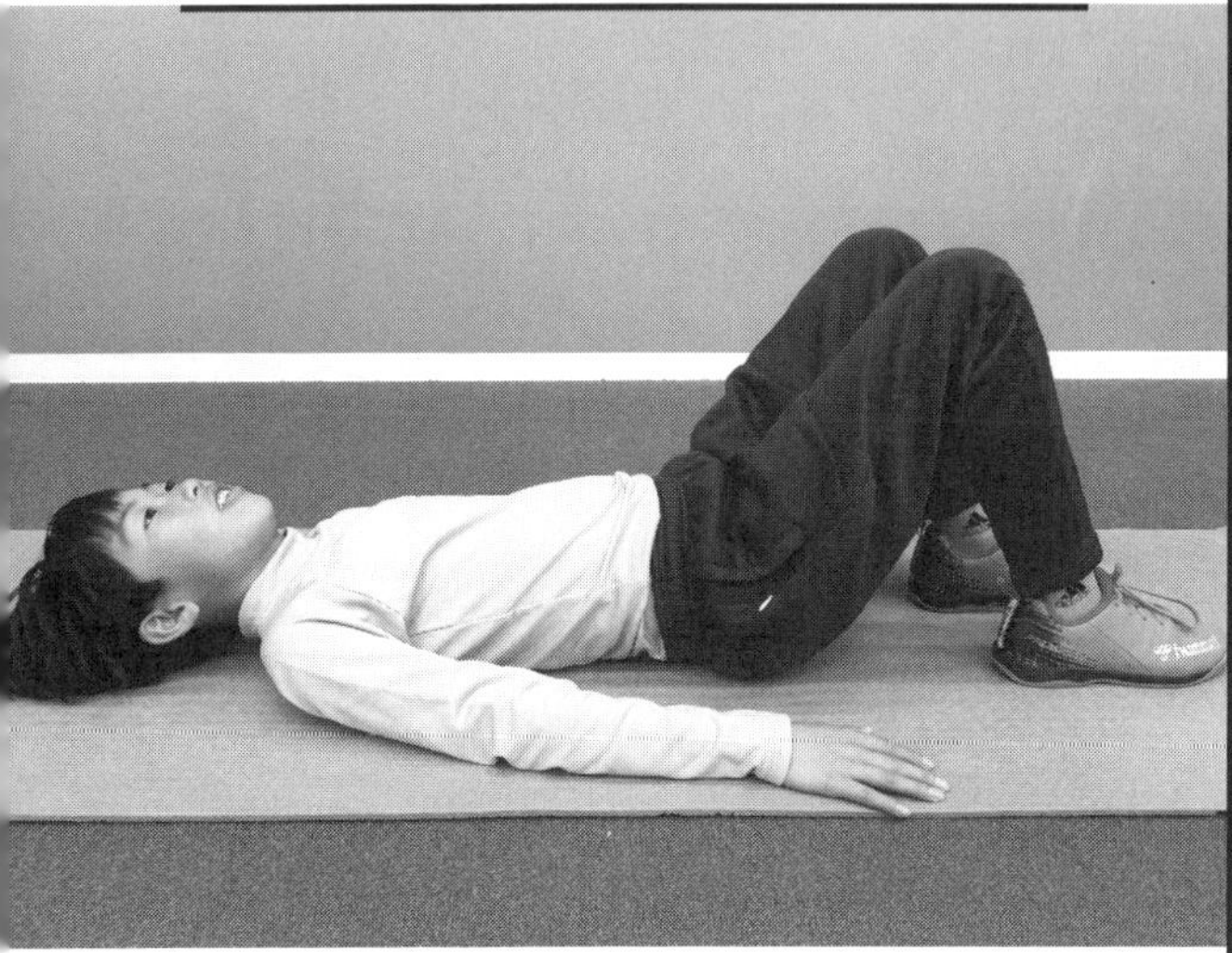

1. 床に仰向けになりヒザを立てます。
2. 3秒鼻から息を吸いお腹を膨らませ、その後3秒口から息を吐きお腹をへこませます。

自宅でできる簡単「体幹トレーニング」

体幹力とバランス力を効果的に鍛えるトレーニングをご紹介。
ぜひ親子でチャレンジしてみて！
（セット数はあくまで目安なので無理のない範囲で）

トレーニング
2

5〜15セット

クランチ

お腹の筋肉を集中的に鍛える運動です。

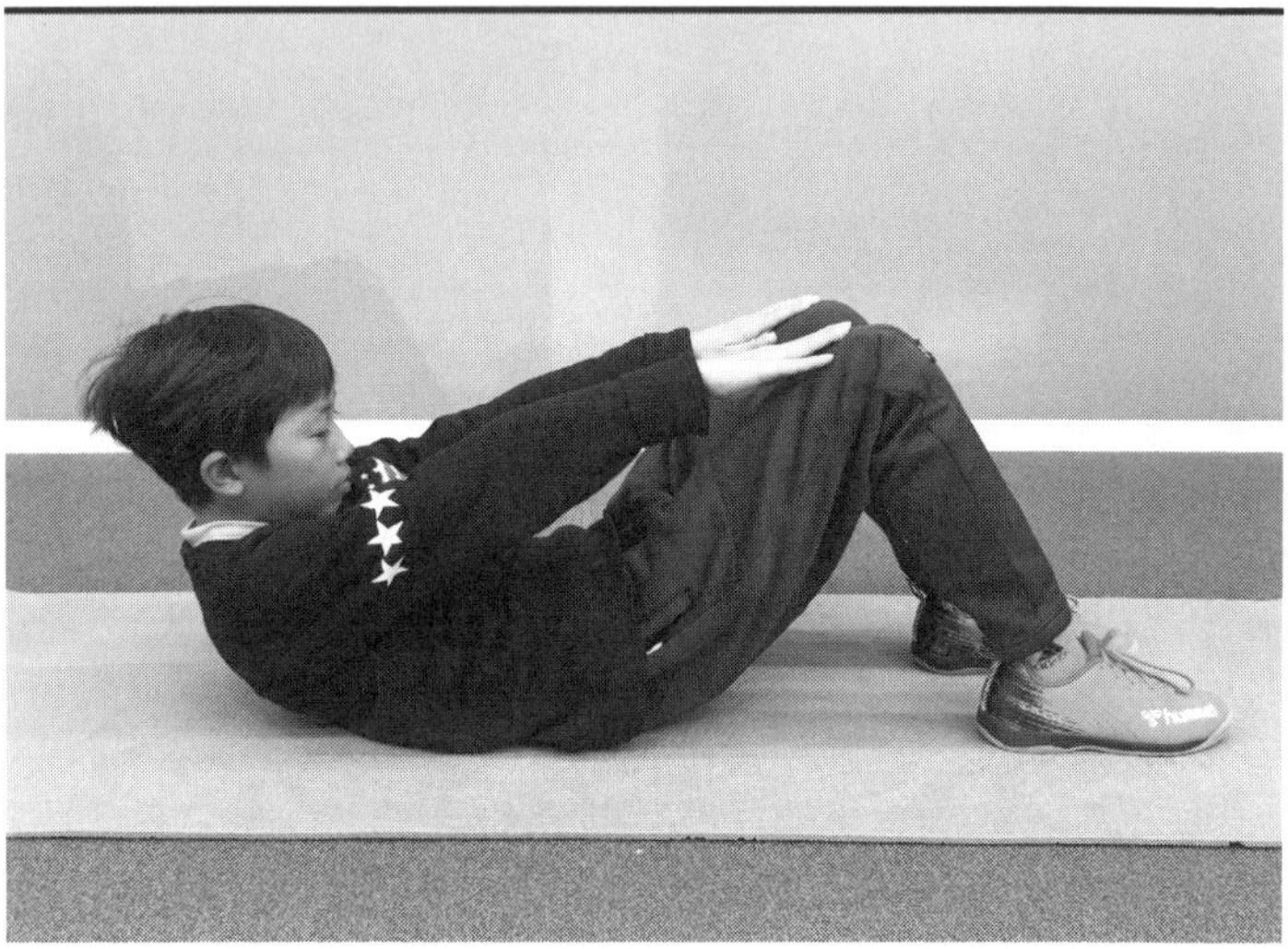

1. 床に仰向けになりヒザを立てます。
2. 腰や足の裏が浮かないようにして上体を起こしていきます（手の指先をふとももからヒザまでスライドさせるように）。

※前項のドローインと組み合わせるとより効果的
（体を起こすときに口から息を吐き、倒すときに鼻から息を吸う）

トレーニング
3

5〜15セット

ニー・トゥ・エルボー

ヒザ（ニー）をヒジ（エルボー）に近づけていく動きです。

1. 床に仰向けになります。
2. 両手を後頭部に添え、上体を起こすのと同時に両ヒザを手前に引き寄せ、みぞおちあたりでヒジとヒザが軽く触れるように。
3. ヒジとヒザが触れたら、上体を起こしたままヒザを伸ばします（ヒザを伸ばしたとき両足が床につかないように）。

トレーニング
4

10周

クロックラン

自分の周りに時計盤のように置かれた目印と円の中心間をジャンプして往復し、外周の着地点をずらしながら周回していく運動です。

1. 自分の周りに円状に6～8ヶ所、テープなどで目印をつけます。円の半径は肩幅より少し広いくらいが目安。
2. 体は前に向けたまま外周の目印にジャンプし（両足で着地）、すぐ円の中心にジャンプして戻り（両足で着地）、今度は外周の先ほどの着地点の隣の目印にジャンプし、また円の中心にジャンプして戻る、という動きを繰り返して外周を回ります。外周の回り方は左右どちら回りでもOK。

トレーニング
5

10セット

真上ジャンプ

真上にジャンプします。もともと立っていた位置と着地点が一致するのが重要。

1. 足元にテープなどで直径40～60㎝ほどの円を描きます。
2. そこからはみ出ないように高くジャンプして着地してみましょう。

第5章

運動をするとなぜ勉強ができるようになるのか？

体幹力と学力の関係

勉強中、すぐ猫背になってしまう我が子。「背筋を伸ばしなさい！」と言っても、またすぐにグンニャリとした姿勢になってしまう……これは本当によくある悩みです。

しかし、この姿勢の良し悪しは、いくら口で注意しても直るものではありません。なぜなら、悪い姿勢になってしまう原因は、「お腹の筋肉（体幹）の弱さ」にあるからです。

前にもお伝えした通り、人間の頭の重さは体重の約10分の1。机に座って勉強するというのは、この重い頭を下に向け続けることになりますから、お腹の筋肉（体幹）が鍛えられていなければ、どんどん体全体が下向きになってしまうのは、仕方のないことなのです。

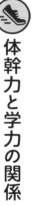

反対に、お腹の筋肉（体幹）ができていれば、胸を張って勉強するので集中力が持続し、どんどん情報をインプットできます。

トロント大学の研究者が２０２０年に行った研究によると、勉強中に正しい姿勢で座っている学生は、椅子にだらしなく座る学生よりも、はるかに成績が良いことがわかったそうです。

また、同大学で２０２１年に行われた研究では、講義中に正しい姿勢を保っていた学生は、だらしなく座っていた学生より、テストの点数が高かったことも明らかになっています。

体幹ができていて姿勢の良い子どもは、胸を張って座っているため呼吸がラクになり、十分に酸素を脳に送ることができます。これも成績アップの原因の一つかもしれません。

ぜひ、姿勢の悪い子どもには叱るのではなく、体幹を鍛えられる運動・遊びの機会を増やしてあげてくださいね。

「自分の頭で考えられる子ども」に育てるために

「指示待ち人間」「指示待ち族」「指示待ち症候群」……そんな「誰かの指示がなければ動けない」人たちを、社会人から学生まであらゆる場所で見かけます。まさに平和な時代の象徴とも言えるでしょう。

たしかに、今までの時代は誰かの指示に従っていれば生きていくことができました。しかし、ＡＩが発達するこれからの時代、人間は指示を待つのではなく逆にＡＩに指示を出せるくらいでなければ、存在意義を発揮しづらいかもしれません。自分で考えることのできない子どもたちの未来は、明るいとは言えないものです。

さて、ここで自分の頭で考えられる子どもを育てるのに役立つのが「運動」です。なぜなら、運動しているとき、人は常に自分で考え、判断・決断を繰り返さなければならないからです。

たとえば、鬼ごっこ。鬼に追いかけられているときに、目の前で走っていた子どもが転んだとします。そのとき急ブレーキをかけて止まるのか、さっと左右によけるのか、はたまたジャンプして飛び越えるのか。これを瞬時に判断しなければなりません。

スポーツでも同様です。たとえば、バスケットボールはスピーディな試合展開では監督やコーチの指示を仰いでいる余裕などありません。残り試合時間30秒、２点のビハインドという状況でスリーポイント・シュートを打つのか、打たないのか。スポーツではたびたびこういうギリギリの選択を迫られます。

こうした判断・決断の経験を通じて、子どもたちの脳は鍛えられます。

また、子どもたちは外遊びやスポーツの中で「人間関係」についての経験を積みます。

たとえば、遊び場にすごく嫌いな子がいても、その子を受け入れなければやりたい遊びができない（人数が足りない、など）場合、子どもは子どもなりに考えてその状況を受け入れます。スポーツでも試合に勝つために、気の合わないチームメイトとも協力しなければなりません。

このような経験は、社会に出てから苦手な上司や取引先と仕事をするときに欠かせないでしょう。そして、そのような場面は長い人生の中で必ず、幾度もやってきます。

ですから、子どもの周りの大人たち、つまりお母さんお父さんが子どもに都合のいい環境ばかり提供するのは、子どもの未来にとってマイナスなのです。

たとえば、やんちゃな子どもが近所にいたとして、我が子をその子と遊ばせなかったとします。しかし、大人になってから、仕事でそういう「やんちゃなタイプ」と子どもが付き合わなければならなくなったら、どうするのでしょうか？

いろいろなタイプの子どもと人間関係を結び、そこで発生する問題を解決したことがない子どもは、大人になっていざそういう場面に直面すると、どうしていいかわからずフリーズしてしまいます。

社会に出てから人間関係などで傷つき、引きこもりになってしまう人は、大人になるまで傷ついたりピンチに追い込まれたりする経験が少ない場合も多いのでしょう。「ゲーム」や「ネット動画」ばかりでは、現実の世界で必要な「自分で考える力」はつきません。外遊びやスポーツを通じ、自分の頭で考え、判断・決断して結果を受け止めるという経験を何度も繰り返すことが、やはり子どもには必要なのです。

子どもの肥満との向き合い方

文部科学省の「令和４（２０２２）年度　学校保健統計」によると、11歳男子の13・９５％、11歳女子の10・４７％が肥満傾向にあるそうです。この統計結果は、現在の数値算出方法になった平成18（２００６）年以降、最高値ということでした。

小学生の1日の平均歩数は1万〜1万2000歩程度と言われています。一方、大人の1日の平均歩数は6000歩程度とされていますから、子どものほうが大人よりもずっと運動量は多いのです。ということは、何も手を打たなければ太っている子どもは大人になってさらに太ってしまう可能性が高い、と言えるでしょう。

そして、子どもの肥満はさまざまな悪影響を及ぼします。たとえば、お腹まわりに肉がつきすぎると重たいお腹のバランスをとるため、後ろにそっくりかえるような姿勢になりがちです。いわゆる、「お相撲さん」のような姿勢です。これでは腰を痛めやすくなりますし、授業中に正しい姿勢も取り続けられません。

また、肥満により動作が鈍くなることも、学校生活での大きな支障になりえます。小学校でいじめられる理由として「太っている」や「動作がゆっくり」があるからです。

JPCにも、太っていて運動が苦手な子どもがたくさん来てくれます。もちろん、週1回通っただけでやせることはありません（本格的にやせるためには食生活を見直す必要があります）。

しかし、定期的な運動習慣がつくことと、さまざまなトレーニングで体幹やバランス感覚を鍛えることで、みんな太っていても「動ける体」になっていきます。

太っている子に適したスポーツもいろいろあります。たとえば、野球であれば体重とパワーがあることで打球を遠くまで飛ばせるようになり、4番バッターとして活躍できるかもしれないのです。

太っていても案外足が速かったり、動きが俊敏であれば、一目置かれる存在になれるでしょう。

小学生のうちに太っていても、運動習慣さえ身につければ、成長に伴ってやせていきます。それこそ野球部に入れば、どれだけ食べても体の成長と練習のハードさで自然にバランスのとれた体型になれますから、それほど深刻に悩む必要はありません。まずは、ぜひ子どもが楽しめる運動習慣（スポーツ）を一緒に見つけてあげてください。

運動習慣で「フットワーク」が驚くほど軽くなる

「令和5（2023）年度　スポーツの実施状況等に関する世論調査」（スポーツ庁）に

よると、日本の20歳以上の男女で週1回以上の運動（スポーツ）をしている人の割合は52％でした。

運動する理由としては「健康のため」「体力増進・維持のため」「運動不足を感じるから」などが挙げられています。

このように大人も半数以上の人が運動習慣を持っており、さまざまな利点を感じているわけですが、子どもの場合は運動習慣を持つことでどのようなメリットがあるのでしょうか？

私は、最大の利点は「フットワークが軽くなること」だと考えています。子どもはさまざまな筋肉を使えば使うほど、ラクに、上手に体を動かすことができるようになります。その結果、運動そのものに楽しさを感じるようになるのです。

子どもは本能的に、家に閉じこもっているより外で遊ぶことが好きな生き物であり、承認欲求の塊《かたまり》ですから、人と違う動きや新しくできるようになったことを周囲に見せたがります。自分にできること、得意なことを人に見せて、注目してほしいのです。そんな運動習慣を持つ子どもは「いつも動き回っている＝フットワークが軽い」と言えるでしょう。

同時に、運動習慣を持っている子どもはあまり太りません。私の子どもたちも2～5年以上JPCに通い、毎日3食モリモリ食べていますが、外見はかなり細身です。そして朝の6時半に起きて、一日中動き回り、夜の9時には寝てしまいます。

一方、運動習慣がないために夜12時近くまで起きている子どもは、夜食をとることが多く、太りやすいようです。この体型の違いもフットワークの軽さに大きく影響するでしょう。

運動習慣を持つことで子ども時代に「フットワークの軽さ」を身につければ、大人になってから大いに役立ちます。なぜなら、さまざまなチャンスに巡り合いやすくなりますし、いろいろな人と積極的に会うことで人脈もどんどん広がっていくからです。

考える前にまず動いてみる、試してみる……そんな「フットワークの軽さ」こそ、子どもたちが将来幸せで充実した人生を送るための鍵になるのではないでしょうか？　そのためにも、ぜひお母さんお父さんは子どもに運動習慣をつけるきっかけを用意してあげてください。

親子で一緒に運動したら、子どもはグレない

「親とともに過ごす時間が少ない」あるいは「親に放っておかれた」子どもはグレやすい……これらは単なるイメージではありません。警察庁生活安全局人身安全・少年課の調査(2022年)によると、いわゆる非行少年・少女の父親の19・8%、母親の28・3%は子どもを「放任状態」だったというデータが出ています。

つまり、日頃から親に相手をしてもらえない、ほとんど遊んでもらえない子どもは、やはり問題を起こしてしまう可能性が高い……と言えるでしょう。

以前、少年院の所長だった方の講演を聞いたことがありますが、少年院で最初にやることは「生活サイクルの立て直し」だそうです。朝6時に起床し、夜10時に就寝するというサイクルを繰り返すと、ほとんどの不良少年・少女が少しずつ更生に向かうといいます。

ですから、まずは親が夜は家に早めに帰って子どもたちを寝かせ、親自身も早めに寝

るようにし、朝は親子とも早く起きるような生活サイクルを作ることが重要なのかもしれません。同時に、そういう生活サイクルを作ることで生まれた時間を使って親子でできるだけ多く会話することも大切でしょう。

反対に親の帰宅が遅ければ、子どもの就寝時間はどんどん遅くなりがちです。自然と悪い遊びを覚えたりして、間違った方向に進んでしまう可能性も考えられます。

また、休みの日に親子で一緒に運動することも、子どもとのコミュニケーションを深めるためには非常に有効です。サッカーや野球のチームに入っていれば、終わったあとに親子で「○○はうまかったね」「××はこうしたほうがよかったね」といった会話も弾みますし、一緒に練習することもできるでしょう。

親にはいつも自分を見ていてほしいと思っているのが、子どもというものです。それこそ、親を振り向かせたい、注目してもらいたいという気持ちから非行に走る例も数多くあります。

その点、「親子でスポーツ」は、子どもの承認欲求を満たしてやるにはうってつけ。親子がお互いの動きから一瞬も目を離さないのですから、これに勝る喜びはないでしょう。親自身がスポーツが苦手だったとしても、できる範囲で体を動かして、短い時間であっても子どもと何かを共有できればよいのです。

親と一緒にスポーツをして汗をかく習慣のある子どもがグレることは、まずないと言えるのではないでしょうか？

受験生こそスポーツクラブに通おう

運動することで学校の成績が上がる……長年スポーツクラブを経営していると、これは事実ではないかと感じます。以前、ＪＰＣの中学生クラスで期末テストの結果を聞いたところ、各生徒の運動能力と5教科の合計点は見事に比例していました。

このような傾向は、やはり運動能力の中心を占める「体幹力」の影響が大きいでしょう。腕や足の筋肉を動かし、俊敏に動くために必要な体幹力は、同時に体全体を支える力でもあります。つまり、体幹力が強い子どもは長時間にわたって机につき、集中して勉強できるのです。

体幹力がある子どもは、骨盤がまっすぐに立った状態（背筋がピンと伸びた状態）で椅子に座り続けることができます。反対に、体幹力が乏しい子どもはすぐに骨盤が傾き、背筋も曲がってしまいます。どちらが授業に集中し、普段から効率よく勉強できるかは明らかでしょう。

さらに、どれだけ集中力が続くかは、子どもの体力（持久力）にかかっています。日頃から運動をして体力（持久力）を高めていなければ、すぐに疲れてしまい、集中して勉強を続けられません。

小学校や中学校の勉強は、一般的にはそこまで難度は高くありませんから、1日1～2時間でもきちんと座って勉強に集中できれば、一定以上の成績はとれるのです。これが、運動能力の高い子どもほど成績が良くなる傾向が見られる理由だと思います。

同時に、これはお母さんお父さんにお伝えしたいのですが、中学受験や高校受験を予定されている子どもには週に1度でよいので、体を思い切り動かす機会を作ってあげてください。

私たち大人でも週7日、毎日3～5時間勉強するのはつらいでしょう。それをやっている子どもたちは、もっとつらいはずです。だからこそ、週に1度くらいは体を動かしてストレスを発散できる場が必要だと思うのです。

そもそも、客観的に考えて、1週間運動らしき運動をほぼしない子どもたちが勉強という体力のいる作業を続けられるでしょうか？「勉強しなさい！」とガミガミ言うよりも、週に1回1時間、スポーツクラブなどで体を動かす機会を作ってあげるのが親の仕事だと思うのです。

そうすれば子どもたちは1週間のその時間を楽しみに、勉強を頑張ることができます。同時に、その1時間でストレスを発散させることもできるでしょう。受験生になったら、勉強時間を増やすためにスポーツクラブなどでの運動をなくす、減らす、ではなく、逆に維持する。それが結局、志望校合格につながると思うのです。

運動神経とは「股関節」の柔軟性のこと

「あの子は運動神経がいい」「僕は運動神経が悪いから」……いずれもよく聞く言葉です。

しかし、これはスポーツトレーナーとしては違和感のある表現です。

たしかに、人間の体には五感（視覚・聴覚・嗅覚・触覚・味覚）から得た情報を脳に送る「感覚神経」と、脳から筋肉を動かすための指令を届ける「運動神経」があります。しかし、多くの人が言っている「運動神経」とは、単純に運動が得意か不得意かということでしょう。

スポーツトレーナーから見た「運動神経がいい人」とは、「関節の動きがスムーズで、自分のイメージ通りに動ける人」のことです。その反対が、運動神経が悪い人ということになります。

たとえば、普段から運動していない子どもがいきなり走ろうとすると、股関節がスムーズに動かず、上半身と下半身を連動させることができません。手と足がバラバラでギクシャクしたロボットのような走り方になり、ヘタをすると足がからまって転ぶことすらあります。

文字通り「運動神経が悪い！」と言われそうなシチュエーションですが、本当に運動神経の働きが悪いのではありません。股関節が硬く、自分のイメージ通りに体を動かす練習をしていないだけなのです。

股関節の可動域を広げ、自分のイメージ通りに体を動かす反復練習をすれば、どんな子どもでも速く走れるようになります。本来の意味での「運動神経が悪い子」というのは存在しないのです。

言い換えれば、普通の人が言う「運動神経の良い、悪い」とは、運動習慣があるか、ないかということです。それこそ柔道の背負い投げを受けたら、普通の人は大ケガをしますが、ある程度柔道の練習をしていれば誰でも反射的に受け身をとれるのと同じことなのです。

ちなみに、運動能力は遺伝で決まると考えている人もいますが、それは事実ではありません。遺伝が大きく影響するのは、骨格に代表される体格や筋肉のほうでしょう。これらはオリンピック選手やプロスポーツ選手のレベルであれば大きな差につながります。

特に体格は絶対的な差になりがちで、１００m走などでは身長の高い人が圧倒的に有利です。なぜなら、１歩で２m進める人は１００mを50歩で走れますが、１歩で１・５mしか進めない人は70歩近くかかるからです。

プロ野球の世界でも、身長の高いピッチャーは身長の低いピッチャーよりも有利です。高身長ピッチャーは投球の際、バッターにより近いところまで踏み込むことができます。このわずかな違いが、バッターにとっては非常にタイミングをとりづらくさせるのです。

話を戻すと、お母さんお父さんはお子さんから「僕は（私は）生まれつき運動が不得意なんだ」と言われたら、ぜひ「そんなことはないよ。試しに一緒に運動してみよう」と励ましてあげてください。そうすれば、ある程度のレベルまでは必ず運動能力が上がります。そして、そのことで子どもたちは大きな自信を持つことができるのです。

ビジネス成功者の幼少時代の体験

『日本から男の子を育てる場所が消えていく』（喜多由浩著、主婦の友社）という本に、「子どものころの自然体験などの多寡と大人になってからの年収の関係」というデータがあります。

これは独立行政法人国立青少年教育振興機構の「子どもの体験活動の実態に関する調

査研究」という報告書から引用されており、要するに自然体験や動植物との関わり、友だちとの遊び、家事手伝いなどの「子どもの頃の体験」と将来の年収の関係を調べたものです。

結果は、子どもの頃のさまざまな体験が多い人ほど年収が高くなり、体験が少ない人ほど年収が低くなるというものでした。実はこの傾向は、私がスポーツクラブ経営で感じていることとも一致しています。

私は店舗数が60店舗くらいになるまでは、必ず新店舗オープンに立ち会うようにしていました。そういうとき、親御さん方と会話することが多いのですが、いわゆる大企業のかなり上の立場の方々が多くて驚かされました。

そして、みなさんから「やっぱり子どものときは塾に行くよりも体を動かしたほうがいい」「私も子どもの頃は公園でずっと遊んでいましたよ」と言われることが非常に多かったのです。これはつまり、ビジネスで成功している人ほど子ども時代の外遊びやスポーツがその後の人生で役立っていると実感している、ということでしょう。

このことを私なりに分析すると、次のようになります。まず、ビジネスで成功するには、顧客や上司、部下といった人たちの話を理解したうえで、相手に自分の意見を明確に伝えなければなりません。相手の求めていることを理解し、それを言葉にしてキャッチボールする必要があります。この能力が磨かれるのが、やはり子ども時代の経験だと考えられるのです。

私の子ども時代を振り返ってみても、ひたすら外でいろいろな遊びをして、近所のお兄ちゃんお姉ちゃんたちとも交流したことが、コミュニケーション能力や想像力、問題解決能力を育ててくれました。そして、これらの能力はいずれもビジネスや経営で欠かせないものだったのです。

実際、経営者の友人や会社員として成功している人たちの話を聞いてみても、多くの人が「子どもの頃はとてもやんちゃだった」「勉強をしないでいつも遊んでいた」と口をそろえて言います。「子どもの頃は家に引きこもってばかりで、外ではほとんど遊びませんでした」という人はかなり少数だと思います。

仕事で結果を出すためには、さまざまなタイプの人と柔軟に交渉する必要があります。また、取引先や上司に嫌なことを言われても、聞き流せるメンタルの強さも欠かせません。

そうしたタフさは、子ども時代の外遊びで養われるものだと思います。親に毎日のように「勉強しなさい」「塾に行きなさい」と言われ続け、それに素直に従っていた人は、大人になったときに活躍するのが難しくなるのではないでしょうか？

考えてみれば、私も近所の大きなお兄ちゃんお姉ちゃんたちと鬼ごっこをするときは、「これくらいのハンデがほしい」といつも交渉して遊んでいました。そのハンデが大きすぎても、小さすぎてもつまらないので、かなり慎重にバランスをとり、さらに相手が受け入れてくれるようにさまざまな工夫もしていました。

これはまったく、大人になってからやっていることと同じです。つまり、子どもに社会に出て苦労してほしくない、活躍してほしいと願うならば、小学生くらいのときの外遊び・スポーツの環境を整えてあげることが大切なのです。

第6章

子どもの才能を伸ばせるかは親しだい

木登りは全身の筋肉を使う超バランス運動

最近、ある子どもが「お父さんが木に登って柿を取ってくれました」という絵日記を描いたところ、保育園の先生に驚かれた……という話を聞きました。

その先生は20代だったということですから、「木に登る」という行為を想像できなかったのかもしれません。

しかし、30～40年くらい前まで、木に登ることはそれほど珍しいことではなかったようです。むしろ、当時の子どもにとって、「木に登れる」というのは誇らしく、尊敬されることだったといいます（ちなみに我が家の子どもたちは令和の時代に庭の木に登りまくっていました）。

木登りは上半身と下半身の連動が必要な全身運動の繰り返しで、全身の筋肉を使います。自らの体重で時にしなる枝を慎重に登っていくわけですから、バランス感覚を磨くのにも役立ったことでしょう。

また、昭和の時代は「ジャングルジムの最上段から飛び降りる」「ちょっとした階段の一番上から飛び降りる」「ライダーキックができる」といった子が、子どもたちの中で尊敬されていたそうです。そうした環境では、自然に骨や筋肉は鍛えられていたはずです。

しかし、今ではこのような行為はすべて「危ない！」と、大人に止められてしまいます。今の学校は安全第一ですし、親御さんなどから訴えられでもしたら困りますから、子どもが少しでも危険なことをしようとすると、先生たちはすぐに止めに入ります。親自身もそういう経験をしていない人が増えていることから、何でも危険だと過剰に反応しがちです。その結果、全身の筋力が弱り、バランス感覚も鈍くなった子どもが増えてしまったのではないでしょうか。

残念ながら、小学校の先生たちはあまりに多忙なうえ、担当する子どもの数が多すぎます。さらに、運動の専門家ではないことから、正しい運動法や子どもが危険な目にあわないようなサポート方法が身についていません。そのために、何でも禁止せざるを得ない面があるのでしょう。

一方、民間のスポーツクラブであれば、少人数制ならばコーチの目が行き届き、子どもは多少危険そうなことにも安全にチャレンジできます。

令和の時代を生き抜く力をつけさせるためには、やはりスポーツクラブをはじめとする子どもが思い切り体を動かせる「特別な環境」が必要なのではないでしょうか？ そして、そのような環境には、子どもたちの体を発達させる「木」よりもさらに進んだ道具類が充実しているのです。

「危険なトレーニング」が子どもを運動嫌いにする

昭和の時代には、登場人物が猛烈な練習をして強くなるスポーツアニメやドラマが大流行していました。しかも、その猛烈な練習というのが「うさぎ跳び」「練習中は水を飲まない」「グラウンド１００周」といった、逆に体を壊してしまうようなものばかりだったのです。

そして、これらのトレーニングの途中で倒れると「根性を出せ！」「死ぬ気でやれ！」

「やり遂げるまで終わらんぞ！」と監督やコーチに竹刀《しない》で叩かれる……というのがお決まりの流れでした。

さすがに令和の時代にこんなトレーニングをさせる指導者はいないでしょうが、体や練習環境についての知識がまだまだ不足している部活動の指導者の話はよく聞きます。

たとえば、JPCに通っている小学生から聞いた話ですが、少年野球チームに所属している彼はある日、練習で山の斜面を走ることになったそうです。彼は直感的に「これはケガをしそうだ」と考え、体調不良と言ってその練習に参加しませんでした。

彼が後日、そのことを私に話してくれた際、私は彼の判断をほめました。なぜなら、一般的な運動において、山の斜面を走ることは極めて危険だからです。

実際、私の地元である岐阜地方は山が多く、小学生のリトルリーグ（少年野球）の練習などで山を走らせたがる指導者は多いです。しかし、その結果としてかなりの子どもたちがヒザ痛を訴えています。

正直に言って、これはスポーツ嫌いを作り出し、ヘタをすれば後遺症が残りかねないほど危険な練習です。山のような傾斜面で石を勢いよく踏んでしまうと、足首やヒザを大きくひねって取り返しのつかない大ケガをする可能性があるからです。

昔の子どもはいつも野山を駆け回っていた……というイメージがあることから、そんな野生を取り戻してほしいと指導者は考えているのかもしれませんが、そのような環境に慣れていない今どきの子どもたちには、もっと別の環境が必要なのです。

このような背景から、ＪＰＣではクッション性の高いマットの上に人工芝という、子どもたちが全力を出してもケガをしない環境を用意しました。

そうすることで、ヒザに負担がかからず、転ぶ危険性も低く、万一転んだ場合も大ケガをする心配はありません。こういった環境であれば、子どもたちは「体を動かすことは楽しい！」と心の底から思えます。これからの子どものトレーニングには、安全性が一番大切なのです。

また、「足が遅い」ことに悩んでいる子どもにとっては、かつてのような「うさぎ跳び」「グラウンド１００周」のようなトレーニングより、体の仕組みを熟知した指導者による「的確なアドバイス」と正しい体の動かし方を「反復練習」するほうがはるかに有益です。

ぜひ、お母さんお父さんは子どもをケガから守り、体を動かすことを嫌いにならないような環境を用意してあげてください。

運動嫌いの子の9割は親の影響

「朱に交われば赤くなる」「類は友を呼ぶ」「普段から付き合っている5人の年収の平均値が自分の年収になる」……ことわざやさまざまな研究データからわかる通り、私たち人間は周囲の影響を大きく受ける生き物です。

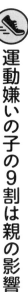

特に「子ども」は生まれたその日から親と一緒のコミュニティに所属しているのですから、親の影響を受けないはずがありません。つまり、最も身近な存在であるお母さんお父さんが普段の生活でまったく運動していなければ、自然に子どもは運動しなくなるのです。

これは親がやっている運動・スポーツを子どもは選びがち、ということでもあります。たとえば、お父さんが週末にサッカーをしている子どもはサッカーを始めますし、野球をやっているお父さんの子どもの大部分は野球をやりたがります。いきなり、身近ではないスノーボードや柔道をやりたいということにはならないのです。

それこそ、休日にゴロゴロしているお父さんが子どもに向かって「運動しなさい！」と言っても、子どもは言うことを聞きません。子どもは一緒になって、家でゴロゴロするでしょう（笑）。困ったことに、子どもは親の言うことは全然聞きませんが、親のやっていることはすぐに真似するのです。

反対に、休日などに公園で子どもとサッカーやキャッチボールをするような運動習慣があると、自然に子どもの関節は柔軟になり、運動能力も向上していきます。

また、子どもは親の体型にも影響を受けます。普段から見ている親が太っていれば、子どもはこういう体型でいいのだ、という意識を持ちます。太っていると体を動かすのがつらくなるので、こういう子どもたちは放っておくと運動嫌いになってしまいます。

子どもに運動習慣をつけたいと思うお母さんお父さんは、まず子どもと一緒に自分たちも運動習慣をつけていってください。

ここからは余談ですが、身長や体重は母親からの遺伝の影響を大きく受けます。小学生で170cmを超えるような子どもや、かなり体重がある子どものお母さんは、たいてい体格が良いです。

数多くのアスリートを見てきた私の個人的な感覚で言えば、身長190cmを超えるような子どものお母さんは、最低でも身長が165cmはあります。事実、メジャーリーガーの大谷翔平選手（身長193cm）のお母さんは身長170cmだそうです。お母さんが150cmで子どもが180cmを超えることは非常に少ないでしょう。

そのため、体格の良いお母さんとスポーツ好きのお父さんの間には、運動能力の高い子どもが育つ可能性が高くなります。特にバレーボールやバスケットボールの女子選手は身長が高く手足も長いので、バレーボール、バスケットボール、水泳、野球などが得意な子どもが育ちやすいでしょう。

動作が遅い子に「早く！」と言わないで

各種シリアル食品を製造・販売している日清シスコ株式会社が2023年に行った調

査によると、「平日の朝、子どもに『早くしなさい』と1回以上言ってしまう親」は全体の8割以上だったそうです。

さらに詳細にデータを見ると、子どもが未就学児の場合は1～5回言う親が72％、6～10回言う親が16・5％、11回以上言う親が7％という結果で、実に95・5％の親が「早くしなさい」と言っていることになります。

子どもが小学校低学年になると、1～5回言う親が76・5％、6～10回言う親が10・5％、11回以上言う親が3％となり、「早くしなさい」と言っている親は90％にのぼります。

これは多くの子育て家庭で最も忙しい「平日の朝」という時間帯に限った調査ですが、いずれにせよ「早くしなさい」と言ってしまう親御さんの気持ちはとてもよくわかります。

しかし、子どもにあまりにも「早くしなさい」と言うのは逆効果になることがあります。特に、運動やスポーツをしているときはよくありません。「もう、やりたくない！」と投げ出してしまう可能性すらあるでしょう。

たとえば、キャッチボールを想像してみてください。うまくボールが投げられないのに、「早く投げなさい！」と言われた子どもはヘソを曲げるでしょう。「ボールをうまく投げられなかった」というマイナスのイメージだけが残り、キャッチボールが嫌いになってしまいます。

こういう場合は、子どもの「承認欲求」を利用します。もっと距離を縮めたり、ボールの投げ方を細かく分解して教え、少しでもそれができたら承認し、大げさなくらいほめてあげるのです。まず、小さな成功体験を提供してやり、その小さな成功体験を積み重ねることによって、子どもは少しずつそのスポーツが好きになるのです。

反対に、大人がイライラして「早く、早く！」と感情をぶつけるのが一番ダメなやり方。あくまで子ども本位でやらせてみるのが理想的です。自分でやりたくてやっている子どもと、しぶしぶやらされている子どもの様子はまったく違います。自分の興味によって取り組んでいる子どもの目は、もっとやりたい、あれもこれもやりたいとキラキラ輝いています。

さて、子どもの承認欲求を上手に満たすコツは、ハイタッチや大きなボディランゲージを示してあげることです。たとえば子どもが2段の跳び箱を跳べたとき、「やったね！」と言葉だけでなく、ハイタッチしてやると、さらに3段、4段と自分からチャレンジしていきます。そうして子どもたちは、どんどん自信を持つようになります。

学校やスポーツクラブなどでほめられ、そのことを家に帰ってからお母さんお父さんに伝えてまたほめられる、というのが理想です。

子どもはいつも「もっとほめて！　もっとほめて！」と思っています。どれだけオーバーアクションでも、子どもにとっては大げさではありません。ぜひ、お母さんお父さんは子どもたちの承認欲求をめいっぱい満たしてあげてください。

親に必要な「見守る力」

私がJPCを開業した当初の話です。毎回のトレーニングで、どうも気になる子どもがいました。私が何か言うたびに、その子は離れて見ているお父さんのほうを「チラッ」と横目で見るのです。

その親に気づかれないように見る目の動きが、彼の心にある恐怖心を表しているようでした。そこで、トレーニングが終わったあと、私はその子のお父さんに言ったのです。

「息子さん、いつもビクビクしながらあなたの様子をうかがっていますよ。お父さん、ちょっと普段から言いすぎなんじゃありませんか？」

「今のあの子は、自分の人生を生きられていませんよ。お父さんのストレスを子どもにぶつけていませんか？　子どもに怒鳴ることでストレスを発散していませんか？」

そのお父さんは非常に驚いたようでしたが、私の言葉に思い当たるところがあったようでした。その日以降、お父さんはトレーニングを見にこなくなり、お迎えはお母さんに代わりました。

すると、私が気にしていた子どもはどんどん明るくなり、横目でチラッと盗み見るクセもなくなっていったのです。あとで聞いた話では、お父さんは家でも彼のことを怒鳴らなくなり、やりたいようにやらせてくれるようになった……ということでした。

3000人以上の子どもたちと、そのお母さんお父さんたちを見てきて思うのは、「見守る力」の大切さです。

普通は親のエゴがありますから、ああしてほしい、こうしてほしいというレールを親が子どもの代わりに敷いてしまいます。そして、その通りに進まない子どもを怒鳴ったり、責めたりするわけです。

たとえば、親が子どもに野球をやらせようとするのは親の押し付けです。本当は子どもはサッカーをしたいのかもしれません。親が甲子園出場を果たせなかった、プロ野球選手になれなかったからといって、それを子どもに押し付けるのはとても無責任な話です。なぜなら、親は子どもの人生に100％の責任をとってあげることはできないからです。

親の目標が子ども自身の目標でなければ、その先に待っているのは悲劇です。私が知っている中で最も悲しい事例は、父に強制されて野球をやっていた子どもが甲子園大会に出場し、プロからもスカウトが来たところで、「ほら、親父の夢は叶えたよ。だから、もういいだろ？」と言って、野球そのものをやめてしまった……というものです。まさに、親の夢は子どもの夢ではなかったのです。

ですから、本当の意味で子どもの人生を歩ませるためには、失敗も含めて見守るしかないと思います。

たとえば、野球で打てなかった子どもを執拗に責める親がいます。

しかし、野球はどんなにいいバッターでも3割しか打てないゲームです。7割失敗して、3割成功すればすごいと評価されるものなのです。それを7割成功するように親が求めるのは無理な相談であり、子どもはやる気も闘争心も失い、野球そのものを嫌いになってしまうでしょう。

やはり、家庭というのは子どもにとって、居心地がよく、心をリセットして安らげる場所でなければならないと思います。子どもは学校や塾などの外で叱られ、傷ついているのです。家庭でも叱られてばかりいたら、どこで子どもたちは休めるのでしょうか？

ぜひ、お母さんお父さんには子どもたちを「見守る力」を持っていただければ……と思います。

子どもに「ダメ！」の一言で済ますのは絶対NG

子どもを育てていると、子どもは次々と危ないことに手を出します。そうなると、ついい言ってしまうのが「あれをやっちゃダメ！」「これをやっちゃダメ！」という言葉です。

この言葉がよくないのは、理由を伝えていないことです。「ダメ！」という二文字だけで子どもの行動を押さえつけるのは、とても危険なことです。なぜなら、それでは子どもがなぜダメなのか理解できないからです。そうすると、子どもは必ず同じことをやってしまいます。

実は、私の妻は元・保育士なのですが、彼女は子どもが何か悪いことをしてもいきなりは叱りません。必ずその悪いことをされたら相手がどう思うか、なぜ悪いことなのか、そういうときには謝らなければならないことなどをしっかり説明するのです。

その結果、子どもはその行為がなぜ悪いことなのか、自分の口で説明できるくらい理解します。

これを大人が怒りに任せて「ダメ！」と叱ったりすると、子どもは納得できないままです。そういうときこそイライラする感情をいったんオフにして、客観的に子どもに伝えてあげることが大切でしょう。

さて、何事も「ダメ！」の一言で否定され続けた子どもはどうなってしまうでしょうか？　この言葉を言われた時点で子どもは思考停止に陥りますから、自分で物事を考えたり、相手の気持ちを理解したりできない子に育ってしまうでしょう。

同時に、「ダメ！」という一言で片づけられてしまうとき、コミュニケーションは成立していません。そういう経験を繰り返した子どもは、周囲ときちんとコミュニケーションをとろうとしなくなることもあるでしょう。

つまり、親にダメと言われてきた子どもは、たとえば子ども同士のケンカでも自分たちで話し合おうとせず、すぐに先生に言いつけて、「ダメ！」と言ってもらおうとするわけです。

また、子どもには本来さまざまな選択肢があるにもかかわらず、親に「ダメ！」の一言で選択肢を狭められた子どもは、どうなってしまうのでしょうか？　おそらく、何をやってもダメと言われるなら何もしないほうがいい、という無気力状態に陥ります。

本来、子どもは親とコミュニケーションをとりたくてたまらないものです。それなのに、「ダメ！」という一言で親のほうからコミュニケーションを断ち切ってしまったら、子どもの心は閉じてしまいます。才能を伸ばすどころか、いつか自分の部屋に引きこもってしまうのではないでしょうか？

このように、親の「ダメ！」という言葉は子どもが本来持っている才能だけでなく、豊かな感情や心までも潰してしまうものなのです。

お母さんお父さんにはどんなに忙しいときでも、「ダメ！」の一言で済まさずに、きちんと子どもと向き合い、納得できる理由を説明してあげてほしいと思います。

子どもの好奇心を引き出す簡単な方法

子どもの好奇心を引き出すコツは、たった一つ。子どもに好き勝手やらせることです。子どもの行動を制限せず、好きなことを好きなだけやらせてみてください。

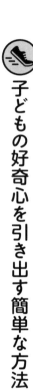

もちろん、子どもの行動を制限しないのは親にとって勇気のいることです。「非行に走るんじゃないか」「1日中ゲームをしたり、動画やテレビを見てばかりいるのではないか」「お菓子を食べすぎるのではないか」……そんな心配が次々と湧いてくることでしょう。

しかし、実際に子どもの好きなようにやらせてみると、心配は無用だったことがわかります。テレビやゲーム、お菓子はいずれ飽きます。そして、子どもは本当に自分の好奇心を全力で向けられる対象を見つけます。なぜなら、好奇心は子どもにとって本能のようなものだからです。

この好奇心を引き出すうえで重要になってくるのが、複数の選択肢を用意して子どもに好きに選ばせることです。たとえば、私の子どもの例ですが、今年5歳になる子どもが今通っている幼稚園は親がいくつか候補を選んだ中から、子ども自身が決めました。

12歳になる娘も、親がいくつか選んだ中学校の中から、海外に行きたいという本人の希望がかなう留学制度のある学校を本人が選びました。そうして主体的に受験勉強に取り組んだ結果、授業料全額免除というかなり優秀な成績で合格したのです。やはり、親が決めた目標よりも自分自身が決めた目標のほうが子どもは力を発揮できるようです。

ここで大切なのは、子どもだけではさまざまな選択肢を見つけることはできないので、親がサポートするということです。特に未就学児や小学校低学年でやりたいスポーツを選ぶとき、親がいろいろなスポーツを一緒に体験してあげるのも大事だと思います。

ぜひ、テニス、バドミントン、バレーボール、バスケットボール、サッカー、野球、柔道など、いろいろなスポーツを一度一緒にやってみたうえで、子どもに選ばせてあげてください。

この本人に選ばせるという手順は、本当にバカにできません。結局のところ、一番本人に合ったものは本人にしか選べないという一面が、たしかにあるのです。

野球の場合ですが、有名な選手は高校進学段階でいくつもの高校から勧誘を受けます。そういう場合、どこの高校を選ぶのかは子ども自身に選ばせることが最善です。

たとえば、中学時代の大谷翔平選手はいくつものオファーの中から、地元岩手県の花巻東高校を選びました。伸び伸びとプレーさせてくれる自由さ、チームの雰囲気が気に入ったそうです。

これが同じ強豪校でも、親のエゴや周囲の評判だけを理由にガチガチに統制のとれたプレーを要求される高校へ進学していたら、現在の大谷翔平選手は存在しなかったでしょう。

広島カープの菊池涼介選手も、自分のスタイルを受け入れてもらえる中京学院大学を自らの意思で選びました。練習を見学したときの自由な雰囲気で決めたとのことですが、もし他の大学に進学していたら、菊池選手の極めて個性的な守備は矯正させられてしまっていたかもしれません。

身近な例で言えば、地元のリトルリーグと隣町のリトルリーグのどちらを選ぶか、サッカーであれば地元のクラブチームか、もっと離れた場所の有名クラブチームなのか……など、さまざまなシチュエーションが考えられます。

このような選択肢があるときに、親に決めてもらってばかりいる子どもは、いざ本当に自分で決めなければならない場面で決めることができなくなります。進みたい大学や就職先まで親に決めてもらうような子どもが、はたして社会でたくましく生きていけるでしょうか？

だからこそ、お母さんお父さんには子どもが小さいうちからできるだけ多くの選択肢を用意し、その中から子どもが自分の意思で決めるという経験を積ませてあげてほしいと思います。

子どもが最も集中している瞬間

新型コロナウイルス感染症の流行によって、一気に世の中でメジャーになったテレワーク。総務省実施の「令和4（2022）年 通信利用動向調査」によると、国内でテレワークを導入している企業は51・7％です。

しかし、会社と違ってさまざまな誘惑が多い自宅では、なかなか仕事に集中できないという声も多かったようです。たしかにテレビやソファ、ベッドやスマホといったものが手近にあると、集中できないかもしれません。

一方、子どもがわき目も振らずに集中している瞬間というのは、やはり子どもが大好きなことをしているときです。それはやはり「遊び」をしている瞬間でしょう。つまり、子どもにとって夢中で遊んでいる時間は、集中力を養っている時間とも言えるのです。

そもそも、集中しろ、と言われて集中できるものではありません。大好きなことに夢中になっているとき、結果として集中し、あっという間に何時間も過ぎていた……となるのです。

さて、子どもが一人で集中しろ、と言われても無理があります。やはり複数の友だちと一緒に遊ぶ瞬間が、最も集中できる環境でしょう。たとえば、鬼ごっこ。子どもたちは鬼から逃げること、鬼であれば逃げる子にタッチすることに完全に集中しているのです。

遊びによって集中力を養った子どもは、勉強でもその集中力を発揮できます。さんざん遊んでいた子どもや、中学3年の夏まで運動部で部活漬けだった子どもがすごい集中力で受験勉強に取り組めるのも、「遊び」や「部活」という集中できる環境にいたことが大きな要因なのです。

反対に、友だちと遊ぶ機会がほとんどない子どもは集中力を身につける場がないということになります。子どもに勉強ばかりさせて好きなことをさせず、友だちと外遊びもさせないというのは、集中力を養う機会を放棄しているようなものです。これは中学、高校、大学に進んだときや、社会人になったときに、相当不利な立場になると言えるでしょう。

親の立場として子どもが集中できる環境を作るというのは、部屋をキレイに片付けることではありません。子どもを好きなことに熱中させてあげること、特に友だちと外遊びをたくさんさせてあげたり、好きなスポーツに思い切り取り組めることこそ、子どもにとって集中できる環境なのです。

第7章

子どもたちはみんなヒーローになれる

スポーツクラブは現代の子どもたちの「サードプレイス」

大人の場合、「サードプレイス」とは第1の場所である「家」と第2の場所である「職場」以外の第3の場所、というニュアンスがあります。子どもの場合、「サードプレイス」は、「家」でも「学校」でもない場所ということになるでしょう。

家には親の、学校には先生の「監視」の目があります。「安全」を最重要視するこの第1の場所、第2の場所は、子どもらしく思い切り遊んだり、運動できる場所ではなくなりました。さらに、かつてのサードプレイスだった「空き地」はなくなり、「公園」は禁止事項だらけになっています。

だからこそ、これからは「スポーツクラブ」が、かつて空き地や公園が果たしていたような、サードプレイスとしての役目を担わなければならないと、私は考えています。

子どもにとってのサードプレイスの最大の役割は、背景の異なるさまざまな個性を持った子どもたちが一緒に遊び、運動をして刺激を受けることだと思います。

実際にＪＰＣでは、さまざまなスポーツに取り組む子どもたちをシャッフルして、グループレッスンを行うことがあります。

このレッスンの良いところは、個人競技（ゴルフ、テニスなど）に取り組む子どもたちと、集団競技（野球、サッカーなど）に取り組む子どもたちが一緒に運動することで、お互いに良い刺激を受けられる点です。

たとえば、個人競技の場合、負けたときにかかるプレッシャーは集団競技よりもずっと重い。そのため、個人競技に取り組む子どもはメンタル面が強くなります。

このメンタルの強さが、一緒に運動する「普段は集団競技をしている子ども」を刺激してくれるのです。

さらに、個人競技に取り組む子どもたちにとっても、同年代の子どもたちと一緒に運動することで、普段味わえない「連帯感とライバル心」が生まれ、それが良い刺激になります。

また、現在の子どもたちが日常的に触れ合う大人は、親・親族、学校・塾の先生くらいになっています。彼らはいずれも子どもたちにとって、直接的な「利害関係者（評価・成績をつける人）」と言えるでしょう。つまり、子どもたちは親や先生たちの前では意識的に「いい子」であろうとするため、素直に自分を出すことはできないのです。

一方、スポーツクラブなどのコーチは子どもたちを評価する立場ではありません。利害関係のない純粋な第三者として、子どもたちとコミュニケーションをとれる大人なのです。昔で言えば、遊び場にいた近所のお兄ちゃんお姉ちゃんのような存在でしょうか。

そのため、子どもたちは身構えることなく、ストレスなしに交流できます。ときには、切実でリアルな悩みを相談されることもあります。だから、私はＪＰＣのコーチ採用では運動能力よりも人間（＝子どもたち）が好きかどうか（人間性）を最重視しています。

本来、このような刺激や人間関係は、「ガキ大将」を中心にした「空き地」や「公園」といった「子どものサードプレイス」で得られるものだったと思います。しかし、現代ではスポーツクラブという新たなサードプレイスを設け、意識的に作り出さなければ、このような刺激や人間関係は得られなくなったのではないでしょうか？

スポーツクラブが子どもたちのサードプレイスになることは、これからの未来を生き抜く子どもたちにとってきっと大きな支えになる……私はそう確信しています。

子どもに背中を見せてあげて

「働き方改革」が叫ばれる昨今ですが、まだまだ残業続きのお父さんお母さんも多いでしょう。子どもたちが目覚める前に出勤し、眠ったあとに帰宅するという方もいらっしゃるのではないでしょうか？

私も信用金庫に勤めていた頃は、そんな生活をしていました。家に帰るのはいつも深夜で、子どもたちの眠ったあと。そこから資格試験の勉強をして、3～4時間ほど寝たらまた出社……という毎日だったので、子どもと遊べる時間はほぼありませんでした。

信用金庫を退職後、独立して企業向けの経営コンサルタントと不動産事業を始め、経済的にそれなりには成功できました。しかし、心が満たされることはなかったのです。

このときから、子どもたちに「お父さんの仕事は世の中の役に立っているんだよ」と胸を張って言える仕事をしたいと考えるようになりました。同時に、もっと家族と過ごす時間を大切にしたいと思うようになったのです。

こうして生まれたのがＪＰＣでした。ですから、私の子どもたちは全員通わせていますし、店舗数が拡大する前はいつも新規オープンする店舗を家族全員で訪れ、そこで遊んでくることを恒例にしていました。

おかげで、子どもたちと過ごす時間を大きく増やすことができました。夏休みなど午前中は子どもたちの勉強を見てやり、昼間は一緒にゲームをして、夕方涼しくなったら近所の子どもたちと鬼ごっこをしていました。

子どもが親と遊んでくれるのは、せいぜい小学生までの短い間です。中学生になれば、もう親のことなど見向きもしてくれません（笑）。だからこそ、お母さんお父さんには子どもと過ごす時間を大切にしていただきたいと思うのです。

前にも述べましたが、子どもは親の言うことは聞きませんが、親の真似はすぐにします。ですから、口で注意するよりも、子どもにやるように言ったことを、お母さんお父さんが一緒に過ごす時間の中で実行して見せてあげてください。

たとえば、「勉強しなさい」と言っているなら、親が勉強する姿を見せる。「もっと運動しなさい」と言っているなら、親が運動する姿を見せる。太ったままの状態で、いつも運動していない親の「運動しなさい」という言葉に説得力はないのです。

子どもがいろいろなスポーツに興味を持つきっかけのほとんどは、お父さんやお母さんがそのスポーツをやっていることです。子どもが運動する環境づくりの第一歩は、親が運動する姿を見せること。親自身、運動が苦手でも、普段の生活とは違う「体を動かす何か」をしている姿を見せてあげればＯＫ。楽しそうに、毎週末のように、何かしらの運動をしに出かけるお父さんやお母さんの背中が、一番子どもの背中を押してくれるのです。

がんばった子どもたちは、みんなヒーロー

ここまでに何度か述べている通り、子どもは承認欲求の塊です。いつでも親や先生など、いろいろな大人に振り向いてほしい、注目してほしい、ほめてほしいと思っています。

この承認欲求を満たしてやると、子どもはどんどんイキイキとしていきます。その結果、勉強やスポーツにますます積極的に取り組めるようになります。

しかし、日常生活で子どもの承認欲求が満たされる機会はあまりありません。それどころか、家庭や学校では「もっと努力しなさい」「なんでそんなこともできないの？」といった否定的な言葉をかけられることが多いのではないでしょうか？

子どもが成長するためには小さな目標を設定し、それができたときには一緒に盛大に喜んであげることが必要です。これが努力を続けるための意識づけ（マインドセット）を身につける近道になります。

たとえば、10段の跳び箱を跳べるようになるためには、まず2段の跳び箱を跳ぶという小さな目標を設定するのです。この小さな目標を達成できたとき、その結果を認め、一緒に喜んであげること。子どもはその達成感と承認欲求が満たされた喜びで、さらに3段、5段と次の目標に向かっていけます。

これは、子どもたちが大きな夢を達成するときに欠かせないやり方です。それこそ「プロ野球選手になりたい」と考えたとき、今何をするべきか？　まず小さな目標を設定し、それを達成していくことで大きな目標を実現させる方法を身につけた子どもは、必ず夢に近づくことができます。

これらを「仕組み化」したのが、JPCで取り入れている「JPC検定ノート」です。「マット」「鉄棒」「跳び箱」「体幹バランス」「縄跳び」「ボール」「陸上運動」といった種目別に、「○○ができる」というチェックポイントを設けています。

たとえば、「陸上運動」という種目であれば、「四足歩行（犬歩

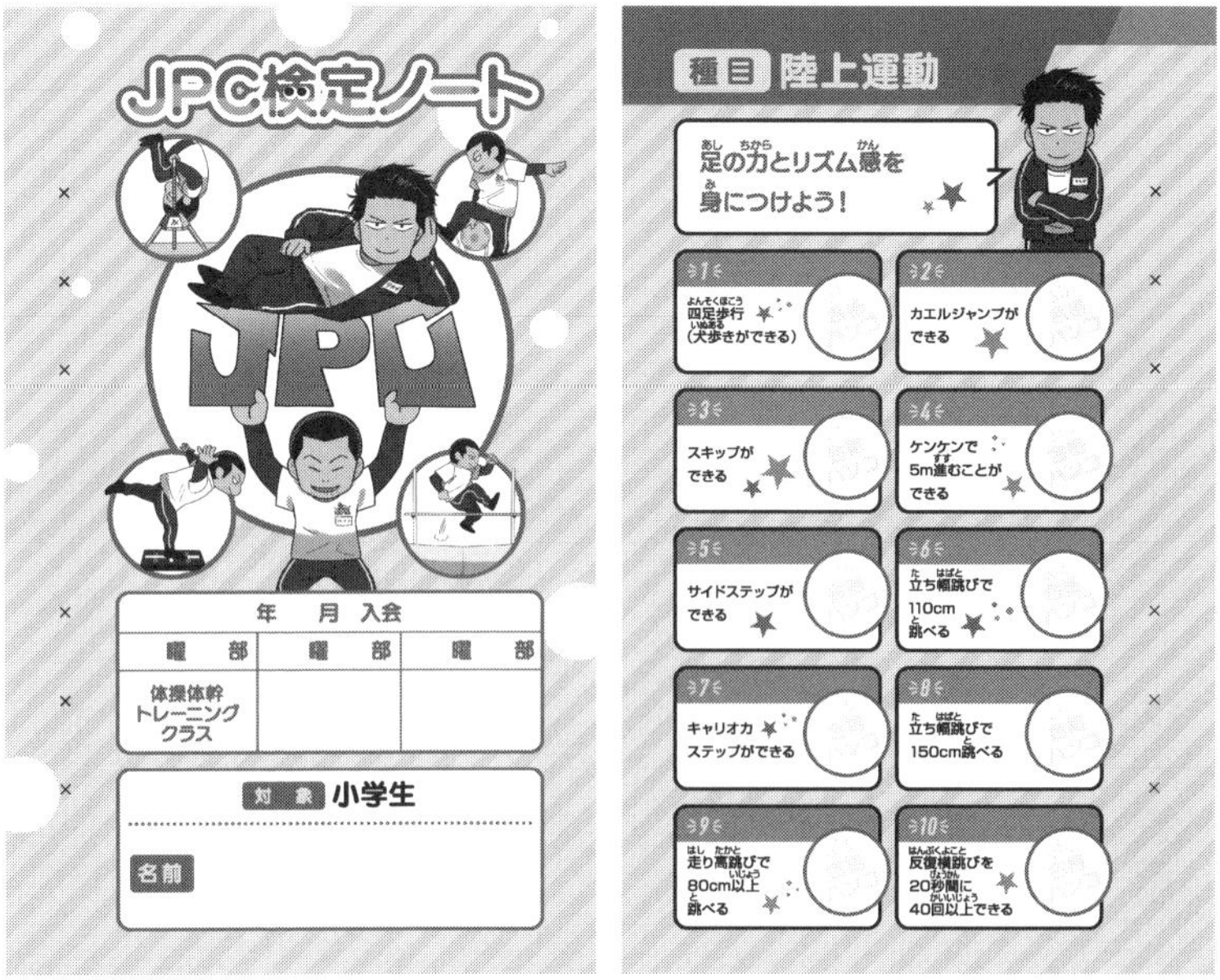

JPC検定ノートの表紙と中身の例（小学生用）

きができる）」「カエルジャンプができる」「スキップができる」「ケンケンで５ｍ進むことができる」といったチェックポイントがあります。

そして、それができたときにはコーチとハイタッチして喜び、ＪＰＣ検定ノートに特別なハンコを押しています。つまり、子どもたちは小さな成功をするたびに、自分が注目されほめられる特別な体験をするわけです。それこそ、ヒーローになれるのです。

また、ノートには「小学生用」以外にも、「３歳～幼稚園年長」や体幹力・バランス力に特化した20級～１級までのものもあります。

ＪＰＣ検定ノートは、先ほどの「大きな目標を小さな目標に分割する」という手法を、子どもたちにわかりやすく提示したものです。人間は、いきなり高すぎる目標を立てると「どうせできない」と諦めてしまうものです。もし、子どもたちも「逆上がりができる」という項目しかなかったら、誰もやりたがらないでしょう。

そこで、「逆上がりができる」という大きな目標までに、「鉄棒にぶら下がることができる」「前回りができる」といった６つの小さな目標を立てました。こうした小さなステップを刻むことで、子どもは「逆上がり」という大きな目標を達成するまで諦めずに取り組むことができるのです。

私はこのノートによって、がんばった子どもたちを全員ヒーローにしてあげたいと思っています。こうした経験を積んだ子どもたちは、きっとゴール（目標・自分の夢）までの道筋を自分で設定し、自分で努力できるようになるでしょう。

AI時代を生き抜くためのコミュニケーション力

ＡＩ（人工知能）の時代が来ているのに、知識をインプットしてテストでアウトプットする時代は長くは続かない、そんな勉強ばかりしているのは時代遅れだと、前にも述べました。

事実、第2章でご紹介した野村総合研究所のレポートでは、ＡＩやロボットに代替される可能性が高い職業として、「一般事務員」「学校事務員」「医療事務員」「貿易事務員」「経理事務員」などが挙げられています。

これらの仕事は、いずれもさまざまな知識をインプットしたうえで、その知識に基づいて正確にアウトプットを行うというもの。まさに、小さい頃から勉強を一生懸命にやり、テストで良い成績をとれるような人に向いた仕事と言えるでしょう。そんな多くの日本人がついていた職業が、これから消えていくのです。

反対に、ＡＩやロボットに代替される可能性が低い職業とされていたのが「アートディレクター」「医療ソーシャルワーカー」「経営コンサルタント」といった人と関わる職業です。つまり、テスト勉強では身につかない力を必要とする仕事が、これからも残っていくのです。

しかし、現在の日本の子どもたちにとって、そういった力（コミュニケーション力・集中力・判断力・思考力・観察力・記憶力・想像力など）を身につけられる環境はどんどん減っています。

かつて、『ドラえもん』の中で描かれたような放課後の世界。学校のグラウンドや空き地、公園といった「子ども同士で思い切り遊べる場所」から締め出されているからです。

また、小学生以下の子どもたちだけで遊ぶことを親が許さなくなってきたことも、影響しているでしょう。

今のままでは、スマホの扱いはうまいが自分の体の扱いはヘタ、他人と関わることも苦手、という子どもがどんどん増えてしまうに違いありません。

だからこそ、私は親公認で子どもたちが思い切り遊べる環境を作りたいと考えました。本来、子どもは環境さえ許せば部屋の中でゲームをしているより、体を動かして遊びたい生き物なのです。

事実、ＪＰＣに通っている子どもたちは、年齢差を超えてみんなイキイキと遊び、体を動かしています。

子どもたちには、学校以外にも人と触れ合う場所が必要なのだと思います。さまざまな大人や子どもと体を動かすことを通じて、子どもたちは多くのことを学ぶからです。

ですから、子どもたちが、単に体を動かせればよいと、トレーナーとのマンツーマンのスポーツレッスンを受けることには私はあまり賛成できません。

見知らぬ子どもとぶつかり合いながら、自分なりに工夫してコミュニケーションをとり、そこからさまざまなことが学ぶ。そんな環境こそ必要だと思うのです。そこには、単にスポーツのハウツー（テクニック）だけを学んでも得られないものがあるのではないでしょうか？

コミュニケーションとは「互いの情報を共有する作業」

書店に行くと、さまざまな「コミュニケーション」に関する本が並んでいます。「話し方」「雑談力」「聞く力」……それだけ多くの人がコミュニケーションを重視し、悩んでいるということでしょう。

ご参考までに、私がコミュニケーションについてＪＰＣのスタッフに伝えている内容をご紹介したいと思います。

最大のポイントは、「コミュニケーションとは受け手と送り手の情報共有作業である」という定義です。このようにコミュニケーションをとらえ、言語化することが非常に重要です。

たとえば、優秀な営業担当者は必ず自分が売りたい商品のことだけでなく、お客様側の情報も共有します。そうすることでお客様とスムーズにコミュニケーションをとれるからです。

想像してみてください。クルマの営業担当者が「この○○はオススメですよ！」「燃費がいいですよ！」「価格も他社と比べて安いですよ！」と一方的に伝えたとして売れるでしょうか？

クルマを売るためには、お客様がどんなクルマに乗りたいのか、どんな目的でクルマを必要としているのか、予算はいくらなのか、といったお客様の情報を共有しなければどうにもならないのです。

ですから、優秀な営業担当者は必ずお客様と情報を共有するところから商談をスタートします。つまり、コミュニケーションは一方通行であってはならないのです。

JPCのコーチと子どもたちのコミュニケーションも同じです。コーチは一方的に今日のトレーニングメニューを伝えたりはしません。必ず、今日の子どもたちが何を望んでいるか。ケガをしていたり、体調不良だったりしないか。週末にクラブチームの試合がないか。そういった情報を共有しています。

たとえば、高負荷のトレーニングをすると筋肉疲労を起こし、1週間ほどパフォーマンスが落ちます。だから週末の試合にパフォーマンスが一番いい状態を持っていく指導をするためには、試合のスケジュールの把握が必要なのです。

その日のスポーツクラブに10人の子どもが参加していたとして、必ずしも同じメニューを全員でやればよいわけではありません。子どもたちそれぞれの事情に合わせて、メニューの調整が必要になります。そのためにはコミュニケーションが、特にマイナス情報の共有は必須と言えるでしょう。

コミュニケーションを単なる「言葉のキャッチボール」とか「仲良くすること」とあいまいに言語化していると、この最も大切な「情報を共有すること」を忘れてしまいがちです。その結果、「コミュニケーションが大切だ＝こちらから積極的に話そう＝相手が返事をしているのでキャッチボールになっている！」という悲劇が生まれるのです。

スポーツクラブで言えば、コーチと子どもたちの情報共有です。子どもたちが望んでいること、「どんなことをうまくなりたいのか」「どんなことが苦手なのか」を常に問う必要があるのです。

このコミュニケーションについての考え方は、ご家庭でも必ず役に立ちます。ぜひ、親子や夫婦間でもお互いの情報を共有することがコミュニケーションなのだ、と考えてみてください。

恵まれていない環境は将来きっとプラスになる

近年、一人っ子家庭の割合が増加しています。内閣府男女共同参画局の調査によると、２００２年には一人っ子家庭の割合は10%以下でしたが、２０１５年の段階では18・6%になっています。おそらく、２０２５年現在は20%を超えていると思われます。

子どもの数が減ると、必然的に子ども一人当たりにかけられるお金は増えます。その結果、多くの子どもがさまざまな習い事・学習塾・スポーツクラブなどに参加できるようになり、贅沢《ぜいたく》な用具類も買ってもらえるようになったことでしょう。

ただ、さまざまな子どもや大人たちを見てきた経験から言うと、豊かすぎる環境には問題があります。多くの人は現状に満足すると、成長することをやめてしまうからです。

充実した人生を歩むためには、やはり「ハングリーさ」が必要なのではないでしょうか。

私は子どもの頃、家庭の経済的理由から習い事はほとんどできませんでした。リトルリーグに入ったのは、友人たちの多くが小学4年生からなのに対し、私は小学6年生になってからでした。

リトルリーグに入る前の私の野球の練習日は「平日限定」でした。一緒に野球をする友人たちが土日はリトルリーグに行ってしまうからです。

このときの「飢え」、ハングリー精神がさらに私を野球に打ち込ませてくれたような気がします。また、経済的理由で野球を早期に始められなかったことが、後年の仕事やビジネスで人一倍努力できた原動力になったと思います。

周囲の儲かっている経営者を見ていても、「飢え」や「ハングリーさ」がパワーとなり、将来の爆発的な成長につながっていることを感じます。それこそ、幼少期はまったく習い事なんてできなかった、お風呂は「カチカチ」とダイヤルを回すボロボロの小さなバランス釜だった……という経営者がたくさんいるのです。

シングルマザー・シングルファザーの家庭に育ち、さまざまなことを我慢しなければならない子どもたちは世の中に大勢います。しかし、そのときに溜め込んだハングリーさ、「絶対この環境から抜け出してやる!」という気持ちは人生にプラスに働くのです。ですから、たとえ経済的に豊かでなかったとしても、その環境を存分に楽しみながらハングリーなエネルギーを溜め込み、うまく活用してほしいと願っています。

同時に、経済的な理由で子どもに良い環境を与えられないと嘆いているお母さんお父さんにも、お願いしたいことがあります。

無料の公園に行って、子どもと一緒に走り回って遊ぶだけでも良いのです。そこで我が子は、他の子どもたちと仲良くなるかもしれません。ぜひ、お金を使わない工夫をして、子どもに成長できる環境を与えてあげてください。

スポーツ経験とリーダーシップ

世の中で最もリーダーシップを求められる職業と言えば、やはり国の舵《かじ》取りを任される人たちでしょう。そんな各国の大統領や首相にはスポーツ経験者が多い印象があります。たとえば、アメリカの大統領経験者の多くが元アメリカンフットボーラーです。第34代アイゼンハワー大統領、第35代ケネディ大統領、第37代ニクソン大統領、第38代フォード大統領、第40代レーガン大統領のほか、トランプ大統領もそうです。

さらに、カナダのジャスティン・トルドー首相はスノーボードのコーチであり、日本の岸田前首相も高校時代は野球部に所属していたそうです。

実際、私の経験からも、スポーツ好きな子どもは将来リーダーシップを発揮することが多いと思います。なぜなら、スポーツを通じてさまざまなタイプの人間とコミュニケーションをとるからです。

同じチームの中には気の合う仲間もいれば、気に食わない相手もいるものです。しかし、そんなメンバーと力を合わせなければ試合に勝てないのですから、自然にコミュニケーション能力が高まります。

特にキャプテンになれば、ますますそういったメンバーをまとめていく、言い換えれば「人に揉《も》まれる」「人を動かす」経験をたくさん積むことになるわけです。これはリーダーになるうえで、とても大切な経験と言えるでしょう。

ちなみに、どんな経験を積めるかは個人競技と集団競技で大きく変わります。個人競技はこういったリーダーシップよりも、勝敗と向き合うメンタル面が鍛えられます。試合で負けても誰のせいにもできないからです。

一方、集団競技の場合、こういった側面は弱くなります。はっきりと自分のせいで負けた場合は別ですが、自分以外の要因で負けることも多いからです。

ですから、子どもには個人競技と集団競技のどちらが向いているか、一度は両方ともやらせてみるのがオススメです。

もうひとつ、スポーツを経験した子どもが将来リーダーシップを発揮する理由は、メンタルが鍛えられることもあるでしょう。スポーツでは、監督やコーチ、チームメイトから理不尽に責められることがよくあります。そういったときに、投げつけられた言葉をうまく受け流すスキルが身につくのです。

また、負けそうな試合で流れを変えるために、ポジティブな発言をすることもよくあります。これらはいずれも、追い込まれる経験をしなければ養われない能力です。そして、集団のリーダーとしても非常に大切な能力と言えるでしょう。

ちなみに、私は追い込まれたりプレッシャーを感じたときは、自分のことを「自分というロボットを操縦しているパイロット」だと考えてみよう、とさまざまな子どもたちに伝えています。

そんなふうに自分の身に起きていることを第三者のように客観的に考える視点を持つと、誰に何を言われても、どんなピンチでも、冷静になれます。ぜひ、お母さんお父さんも試してみてくださいね。

スポーツ版「キッザニア」構想

子どもたちがさまざまな職業を本格的に体験できる世界的テーマパーク、「キッザニア」は、日本第1号施設となる２００６年のキッザニア東京のオープン以降、キッザニア甲子園、キッザニア福岡と日本でも広がりを見せており、いずれも大人気です。

ご存じの通り、キッザニアでは「消防士」「お菓子工場」「航空会社」「証券会社」「デパート」などさまざまな仕事を、本物の職場で働いているかのように体験できます。ここでの体験が、将来の進路選択につながった子どもたちも大勢いるかもしれません。

私は、日本のスポーツ人口を増やすために、ＪＰＣを全国に作っています。そして、たくさんの子どもたちに運動を好きになってもらい、さまざまなスポーツに取り組んでほしいと思っています。

しかし、最近「どんなスポーツが向いているのかわからない」「今やっているスポーツを続けていいのか」という悩みが、子どもたちだけでなくお母さんお父さんの間にあることを知りました。そこで、そんな悩みを解消する施設として、スポーツ版「キッザニア」を作りたいと考えているのです。

たとえば、以前、サッカーをやっている子どもが相談に来てくれました。彼はサッカーがちっともうまくなれないと非常に悩んでいたのです。

あまりにもうまくならないのでチームでもいじめられそうで、本当に落ち込んでいました。そんな彼を見て、私は「野球をやったほうがいいよ！」とアドバイスしたのです。

サッカーをやめて野球を始めた彼は、見違えるように変身しました。あっという間に上達して、ピッチャーとして大活躍し始めたのです。今では自己肯定感も上がり、すっかり自信を取り戻しました。

実は、その子どもはスポーツトレーナーの目から見て、明らかにサッカーよりも野球向きの骨格をしていました。身長が高く、すらりとした体型だったのです。

足が長すぎる子どもは、サッカーのようなコンタクトプレー（体がぶつかり合う）があるスポーツではケガをしやすい傾向があります。だから先ほどの子どもは、野球や陸上競技のようなスポーツが向いていたのです。あとは本人の性格や、集団競技と個人競技のどちらが好きか……といったことでアドバイスしました。

つまり、スポーツを始める前に子どもたちがさまざまなスポーツを実際に体験し、専門家からアドバイスを受ければ、最も楽しく成長できる競技が何かわかるのです。まさにこれが、スポーツ版「キッザニア」のイメージです。

これまで、子どもがスポーツを始めるときに選べる範囲は「親がやっているスポーツ」「友人がやっているスポーツ」くらいしかありませんでした。親がサッカーをしていたらサッカー、野球をしていたら野球、空手をしていたら空手、といった具合です。

周囲にやっている人がまったくおらず、未経験の子どもがいきなり「柔道教室に通い始める」といった例はほとんどありません。どれほど、その子が柔道向きの体と性格をしていたとしても、です。

スポーツ版キッザニアに行けば、多くのスポーツを体験したうえで、専門家にアドバイスをもらえますから、親や友人が経験している範囲外のスポーツにも出会えます。普段まったく運動していないお母さんお父さんも、安心して子どもに向いているスポーツを見つけ、応援することができるでしょう。

これまでの子どもたちの運動不足の背景には、「どんなスポーツをさせてあげたらいいのかわからない」というお母さんお父さんの不安があったと思います。小学校などとも提携して、ぜひ、このスポーツ版キッザニア構想を実現したいと考えています。

あとがき

ここまでお読みいただき、誠にありがとうございました。本書では子どもにとって、遊びやスポーツがどれほど大切かということを、３０００人以上の子どもたちを指導した経験を踏まえてお伝えしてきました。

思い切り体を動かし、遊ぶことができる環境を与えることは、子どもたちの将来にとって極めて重要なことです。令和５（２０２３）年12月に政府が発表した「こども大綱」にも、次のような記述があります。

「……こどもが遊びに没頭し、身体の諸感覚を使い、自らの遊びを充実、発展させていくことは、言語や数量の感覚などの認知的スキル、創造力や好奇心、自尊心、想像力や思いやり、やりぬく力、折り合いをつける力などの社会情動的スキルを育てることに加え、多様な動きを身に付け、健康を維持することにつながり、ひいては、生涯にわたる幸せにつながる。……」

私はＪＰＣスポーツ教室を展開することで、そんな環境を少しでも日本全国に広げていきたいと考えてきました。

こども大綱の右の言葉には、大切な子どもたちの成長期間をみなで共に過ごすという強い願いが込められています。今後も子どもたちの目線に合わせ、上から押さえつけるような指導は一切せず、子どもたちに寄り添い、成長の機会を与える存在でありたいと考えています。本書も、多くの子どもたちが幸せになる「きっかけ」となることを祈ってやみません。

最後に、本書を執筆するにあたり、これまでさまざまな形でお世話になった皆様に、心から感謝申し上げたいと思います。

２０２５年３月

髙木宏昌

編集協力――――堀部直人・関和幸
出版プロデュース――株式会社天才工場 吉田浩

著者略歴――

高木宏昌（たかぎ・ひろまさ）

1985年、岐阜県生まれ。JPCスポーツ教室代表。
子どもの頃から運動やスポーツが好きで、小中高校時代は野球に没頭。大学卒業後は、地元の信用金庫で営業を担当。4年目に営業成績が同社のグループ全体でトップとなり、最優秀賞を受賞。その後独立し、経営コンサルタントなどを経て、2018年、子どもたちが思い切り体を動かせる環境を作ってあげたいとの思いから、地元岐阜県羽島市に園児から高校生までを対象とした「JPCスポーツ教室」を創業。特殊なクッションマットなどを用い、子どもたちが安全な環境で楽しく遊びながら体幹力を鍛えられるユニークなプログラムを多数用意。2025年3月現在、直営・フランチャイズを合わせて全国に約100店舗、会員約3万人。子どもたちの外遊びの場所も時間も減少している昨今、スポーツ教室を通じて、子どもたちに心と体の成長の機会を与えていきたいと考えている。

JPCスポーツ教室公式HP：https://www.jpc-sports.com/
高木宏昌 X：https://www.x.com/JPC_takagi/
JPCスポーツ教室 Instagram：https://www.instagram.com/jpc_sports/
JPCスポーツ教室 YouTube：https://www.youtube.com/@jpc1707/

子どもは学習塾よりスポーツクラブに入れなさい
遊びながら「体幹」を鍛えて、学力もみるみるアップ！

2025年4月20日初版印刷
2025年4月30日初版発行

著　者　　髙木宏昌
発行者　　小野寺優

発行所　　株式会社河出書房新社
〒162-8544　東京都新宿区東五軒町2-13
電話　03-3404-1201（営業）
　　　03-3404-8611（編集）
https://www.kawade.co.jp/

装幀・DTP　鈴木颯八
印刷・製本　三松堂株式会社

Printed in Japan　ISBN978-4-309-29483-4